KB034046

고전으로 읽는
고사성어
인 문 학

고전으로 읽는
고사성어
인 문 학

1판 1쇄 펴낸 날 2014년 10월 31일

지은이 최정준 **발행인** 김재경 **기획** 김성우 **교정·교열** 이유경 **편집디자인** 최정근
마케팅 권태형 **인쇄** 해인프린팅

펴낸곳 도서출판 비움과소통 서울시 영등포구 영등포동7가 29-126 포레비떼 705호 **전화** (02)2632-8739
팩스 0505-115-2068 **이메일** buddhapia5@daum.net **트위터** @kjk5555 **페이스북 ID** 김성우
홈페이지 http://www.bns-mall.co.kr **출판등록** 2010년 6월 18일 제318-2010-000092호

ⓒ 최정준, 2014
ISBN : 978-89-97188-67-3 03140

고전으로 읽는

고사성어
인 문 학

최정준 지음

비움과소통

고전(古典), 옛사람과 마음으로 소통하는 길

인류가 지금까지 축적해놓은 삶의 정수가 책에 고스란히 담겨있는 것을 고전古典이라 할 때, 동양이든 서양이든 다양한 종류의 고전이 존재한다. 고전에는 개인身이나 가정家의 일과 국가國나 천하天下의 일도 있으며 천지天地의 일도 들어있다. 그리고 그런 일에 내재되어 상응하는 다양한 마음과 도리의 문제가 들어있다. 전자는 드러나 보이는 세계見顯이고 후자는 드러나지 않아 감추어진 세계隱微인데,『대학大學』에서는 드러나 보이는 세계는 수신修身으로 기본을 삼았고, 드러나지 않아 감추어진 세계는 정심正心으로 기본을 삼았다. 이런 차원에서 보면 세계를 구성하는 기본범주는 몸身과 맘心이며 이 둘은 절실한 상호의존적 관계에 있다. 고전은 결국 인간의 몸과 맘에 관한 이야기이다.

고전을 읽으며 고전 속의 시대로 몸소 들어가 직접 경험하지 않고도 실감할 수 있는 것은 인간이 마음으로 느끼고 이해하고 깨달을 수 있기 때문이다. 인간에게는 느낄 수 있는 감정이 있고 이해할 수 있는 지성이 있고 깨달을 수 있는 영성이 있다. 우리가 읽는 고전 속에도 당연히 인물을 느끼고 시대와 소통하고 세계를 포용했던 사람들의 감정과 이성과 영성이 함축되어있다. 그러므로 누군가 고전을 읽는다는 것은 퇴계退溪선생이 읊었던 시조가락처럼 "옛사람도 날 못 보고 나도 옛사람을 못 보지만" 마음으로 소통하는 일이다. 그 일은 곧 그의 감성을 활성화시키고 지성을 숙련시키며 영성을 개발해주는 일이며 그렇게 될 때 드러나 보이는 세계도 화평을 향해 갈 수 있으니, 이것이 고전을 읽는 의미라고 생각된다.

춘추春秋시기 공자孔子가 고전을 좋아하여 만년에 손수 정리하고 보충한 시경詩經과 서경書經과 역경易經은 동양 고전의 전형이라 할 수 있다. 예로부터 문·사·철文·史·哲이란 이름으로 동양학을 일컬어 왔던 것도 이 시·서·역이란 고전과 무관치 않다. 삼경 이후에도 동양에서는 다방면의 많은 고전이 만들어져 지금까지 내려오고 있다.

고전에는 수많은 일화나 도리가 기록되어 있는데 그 가운데 전해지면서 특별히 사람들의 공감을 받고 주목을 얻게 된 부분이 있다. 이런 부분이 자꾸 사람들의 입에 오르내려 압축적으로 재구성되어 이루어진 것을 고사성어故事成語라 하고, 고사성어를 네 글자로 완성한 경우를 사자성어四字成語라고 한다. 고사성어를 잘 새겨보면 한자를 배우면서 고전을 읽는 효과를 누릴 수 있다고 생각되어 3년간 경인일보에 '고전으로 읽는 고사성어'란 제하로 연재를 하였는데, 그 중 100여 개를 정리하여 출판하게 되었다.

고사성어는 압축적이기 때문에 풀어주지 않으면 이해하기 어렵다.

풀어주기 위해서는 두 가지가 필요한데 하나는 한자의 이해이고, 하나는 맥락의 이해이다. 동양고전은 한자문화권의 기록이기 때문에 고사성어를 이해하기 위해서는 한자에 관한 기본 소양이 필요하다. 또 옛일이라서 현시대의 감각으로 쉽게 이해하기 어려운 부분이 있기 때문에 그 맥락을 알아 변통을 해야 한다. 한자도 배우고 고전도 읽고 싶은 마음은 있었지만 비교적 여유가 없었던 분들에게 차 한 잔의 맛이라도 전해드리는 시간이 되었으면 좋겠다.

끝으로 이 글을 출판하도록 협조해준 경인일보와 실감나게 삽화를 그리신 박성현 님에게 감사드리고, 출판을 해주신 비움과소통 김성우 대표님에게도 감사드린다.

갑오甲午 중추仲秋 시흥始興에서

철산哲山 최정준崔廷準

목차

고전으로 읽는

고사성어
인 문 학

1. 一以貫之 (일이관지)

하나로써 꿰었다

一 한 일, 以 써 이, 貫 꿸 관, 之 갈 지

써 이자(以)는 '~로써'라고 하는데 '쓴다'는 의미로 '~을 써서'

라고 푼다. 쓸 용자(用)와 같은 의미이다.

출전: 『논어』

춘추시기 『大學』이라는 책을 지어 스승인 공자(孔子, BC551~479)
의 도道를 전했다고 하는 증자曾子에게 어느 날 공자가 말씀하였다.

"삼參아! 나의 도道는 하나로써 꿰었느니라."(吾道一以貫之)

증자가 답한다. "예!"

스승과 제자의 선문답이다. 그 대화를 듣고 궁금해 하는 동석한 문인
이 증자에게 묻는다. "구체적으로 그것이 무슨 의미입니까?"

증자가 답한다. "충서忠恕이다."

하나라는 일一은 다분히 형식적 글자이니 당연히 그 속의 내용이 궁

금해진다. 증자가 그 내용으로 제시한 충忠은 단순히 나라에 충성한다는 의미가 아니라, 글자에서 보이듯이 마음心의 속中으로 사람 마음의 깊숙한 뿌리이다. 서恕는 같은如 마음心으로 사람간의 마음이 같아져 서로 소통할 수 있게 된 것이다. 결국 사람의 본심과 그 본심이 발현되는 마음작용의 원리는 보편적인 차원에서 크게 다르지 않음을 표현한 것이다.

일一은 한자 자전의 맨 처음 글자로 '다르지 않다'는 뜻이 있다. 그러므로 일이관지一以貫之란 동서고금을 관통하는貫 다르지 않은一 인간 사회의 원리道이고 증자는 그것을 사람마음의 본체와 작용의 도리인 충서라고 한 것이다. 인간의 진정한 상호소통은 '타인이 나에게 이렇게 하지 말았으면' 하는 것을 나도 타인에게 하지 말아야한다는 보편적 정감을 인정하고 실천할 때 가능하다는 의미를 내포한다.

원문:『논어』

子曰: 參乎! 吾道一以貫之.

공자가 말씀하셨다: 삼아 나의 도는 하나로 꿰었느니라!

曾子曰: 唯.

증자가 말하였다: 네!

子出. 門人問曰: 何謂也?

공자가 나가시자 문인이 물었다: 무슨 말입니까?

曾子曰: 夫子之道, 忠恕而已矣.

증자가 답하였다: 선생님의 도는 충서일 뿐이다.

2. 德本財末(덕본재말)

덕이 근본이고 재물이 말단이다.

德 큰 덕, 本 근본 본, 財 재물 재, 末 끝 말

출전: 『대학』

요즈음 대학university에서는 가르치지 않는 『대학大學』의 사물관을 보면 사事는 시간상 일어나는 모든 일이며, 물物은 공간상 존재하는 모든 물건이다. 존재하는 모든 물건에는 나무의 뿌리本와 지엽末에 비견되는 본과 말이 있고物有本末, 일어나는 모든 일에는 마침終과 시작始이 있다고事有終始 하였다. 이런 틀에서 사물을 잘 파악하여 우선순위를 정해 다스려나가야 성공적인 경영을 해나갈 수 있다고 하였다.

본말로 이야기 되는 개념 가운데 덕과 재의 문제를 중요하게 들고 있다. 인간이 삶을 영위하는 데 필수적인 덕과 재물에 대해 덕이 근본이고德者本也, 재물이 말단이라고財者末也하였다. 그런데 만약 근본으로 갖추어야할 덕을 모두들 외면하고外本, 말단인 재물만을 서로 챙기려

한다면內末 쟁탈爭奪이 끊이지 않는 위험한 사회가 도래할 수 있다고 하였다. 위정자는 더더욱 말할 나위가 없다.

주역과 중국 송대의 소강절邵康節의 이론에 의하면 지금 우리는 문명의 큰 전환기를 지나고 있는 대과大過의 시대로 본말이 거꾸로 뒤집힐 수 있는 시대이다. 나무가 자라기 위해 물은 반드시 필요하지만 물이 나무를 쓸고 지나갈 정도로 범람하면 나무는 뿌리 채 썩어버린다는 것이다. 나무가 정신적 덕이라면 물은 물질적 재이다. 재본財本, 자본資本의 기세에 휘청거리는 이 시대 영혼을 위로할 인본人本, 덕본德本의 풍성한 가을 달님이 올 해는 떠오르실까!

원문:『대학』

德者本也 財者末也 外本內末 爭民施奪.

덕은 근본이고 재는 말단이니, 근본을 밖으로 하고 말단을 안으로 하면 백성을 다투게 해서 빼앗음을 베푸는 것이다.

3. 天人合發(천인합발)
천지와 사람이 화합하여 발한다

天 하늘 천, 人 사람 인, 合 합할 합, 發 필 발

출전: 『음부경』

우리는 자연自然이란 용어를 많이 쓰는데 말 그대로 '스스로 자自'에 '그럴 연然'으로 스스로 그렇다는 것이다. 천지와 만물이 생성하고 변화하는 원리는 작위적으로 만들어진 것이 아니라 저절로 그렇게 되었다는 뜻으로 일체의 작위가 없음을 강조하여 무위자연無爲自然이라고도 한다.

이 자연의 원리에 의해 작용하는 것이 천지의 상침相浸작용이며, 천지가 상호 침투하는 작용 속에서 음양陰陽이 상승相勝하며 변화하는 이치를 깨닫게 된다. 음이 양을 이기면 음의 기운이 작용하고 양이 음을 이기면 양의 기운이 작용한다. 낮이 밤을 밀쳐내 이기면 낮이 되고 밤이 낮을 밀쳐내 이기면 밤이 된다.

이렇게 음양의 원리에 의해 생성변화 하는 상대적 존재인 천지만물과 인간은 상승상극相勝相剋하며 서로를 도적질하며 살아가고 있다. 천지는 만물에게 도적이 되고, 만물은 사람에게 도적이 되고, 사람 또한 만물에게 도적이 된다. 이것을 음부경에서는 세 도적인 삼도三盜라고 하였는데 이렇게 도적질을 적절히 하면서 살아가는 것이 생태계의 공생원리이며 만약 상극의 작용이 지나치게 작용하면 살상殺傷과 공멸共滅의 길을 갈 것이라고 한다.

  하늘이 살상의 기틀을 발휘하면天發殺機 별자리가 바뀌고移星易宿, 땅이 살상의 기틀을 발휘하면地發殺機 땅속의 생명들이 살 수 없고龍蛇起陸, 사람이 살상의 기틀을 발휘하면人發殺機 천지도 뒤집어진다天地反覆. 천지와 인간이 서로의 기틀을 화합하여 발휘해야만天人合發 온갖 천지간 변화의 기본이 갖추어진다.萬變定基

4. 弘益人間(홍익인간)

널리 세상을 이롭게 한다

弘 넓을 홍, 益 더할 익, 人 사람 인, 間 사이 간

출전: 『삼국유사』

아주 먼 옛날 신정神政의 나라인 환국桓國의 서자庶子인 환웅桓雄이 인간의 세계를 탐하여 자주 하늘의 아래에 뜻을 두었다數意天下. 그러자 환웅의 아버지가 아들의 뜻을 알고 삼위태백이란 곳을 내려다보니 널리 세상을 이롭게 할만하다弘益人間 여겨 천부인天符印 3개를 주어 보내 다스리게 하였다. 환웅이 태백산 꼭대기 신단수神檀樹아래로 내려오니 이곳을 신시神市라 하였고 환웅천왕은 인간세상을 이치에 합당하게 다스려서 교화하였다在世理化.

이때 땅에서는 한 마리 곰熊과 한 마리 호랑이虎가 있어 같은 동굴에 거하며 늘 인간이 되기를 신웅神雄게 빌었더니 곰은 여자의 몸을 얻게 되었다. 여자의 몸을 얻은 웅녀熊女가 더불어 혼일할 상대가 없자 매일

19

단수檀樹 아래에서 잉태를 하여 아들을 낳길 기원 呪願하자 신웅神雄이 임시로 변화하여 혼인하여 잉태하여 아들을 낳으니 이름하여 단군왕검檀君王儉이다. 개천開天 후 1565년, 무진戊辰 상월上月 삼일三日 아사달에 도읍을 하고 나라를 여니 이름하여 조선朝鮮이다.

이상이 삼국유사의 단군왕검과 고조선의 출현에 관한 개요이다. 하늘의 웅雄과 땅의 웅熊이 인간 단군檀君을 지향한다. 우리 민족은 예부터 천지인天地人 삼재의 사상을 중요시하였다. 삼재사상의 핵심은 인간이 천지에 조화롭게 참여하면서 세계를 경영한다는 참천지參天地에 있다. 이것이 오늘날 하늘과 땅도 함께 바라는 홍익인간이다.

원문:『삼국유사』

魏書云: 乃往二千載, 有壇君王儉, 立都阿斯達〈經云無葉山, 亦云白岳, 在白州地. 或云在開城東, 今白岳宮是.〉, 開國號朝鮮, 與堯同時.

『위서』에서 말하였다: "지난 2000년 전에 단군왕검이 있어, 아사달(『산해경』에는 무엽산이라 하고 또는 백악이라 하니 백주 땅에 있다. 혹은 개성 동쪽에 있다고도 하니 지금의 백악궁이 그것이다)에 도읍을 세우고 나라를 열어 조선이라 부르니, 요 임금과 같은 시기이다.

古記云: 昔有桓因〈謂帝釋也.〉庶子桓雄, 數意天下, 貪求人世. 父知子意, 下視三危太伯, 可以弘益人間. 乃授天符印三箇, 遣往理之. 雄率徒三千, 降於太伯山頂〈卽太伯, 今妙香山.〉神壇樹下, 謂之神市, 是謂桓雄天王也. 將風伯雨師雲師, 而主穀主命主病主刑主善惡, 凡主人間三百六十餘事, 在世理化.

時有一熊一虎, 同穴而居, 常祈于神雄, 願化爲人. 時神遣靈艾一炷, 蒜二十枚曰: 爾輩食之, 不見日光百日, 便得人形. 熊虎得而食之, 忌三七日, 熊得女身, 虎不能忌, 而不得人身. 熊女者, 無與爲婚, 故每於壇樹下, 呪願有孕, 雄乃假化而婚之, 孕生子, 號曰, 壇君王儉.

以唐堯卽位五十年庚寅〈唐堯卽位元年戊辰, 則五十年丁巳非庚寅也, 疑其未實.〉, 都平壤城〈今西京〉, 始稱朝鮮. 又移都於白岳山阿斯達, 又名弓〈一作方〉忽山, 又今彌達. 御國一千五百年. 周武王卽位己卯, 封箕子於朝鮮, 壇君乃移於藏唐京, 後還隱於阿斯達爲山神, 壽一千九百八歲.

『고기』에서 말하였다: 옛날 환인(제석을 말한다)의 서자 환웅이 있어, 자주 하늘 아래에 뜻을 두고 인간의 세상을 구하고자 하였다. 아버지가 아들의 뜻을 아시고 아래로 삼위 태백을 내려다보니 인간을 널리 이롭게 할 만 하였다. 이에 천부인 세 개를 주어 보내 그곳을 다스리게 하였다. 환웅이 3천의 무리를 거느리고 태백산 꼭대기의 (곧 태백이니 지금의 묘향산이다.) 신단수 아래에 내려와 그 곳을 '신시'라 일컬으니 이 분을 환웅천왕이라 이른다. 풍백과 우사와 운사를 거느리고 곡식과 생명과 질병과 형벌과 선악을 주관하고 인간 세계의 360여 가지 일을 주관하며 세상에 있으면서 다스려서 교화하였다.

이 때 곰 한 마리와 호랑이 한 마리가 같은 굴속에 거처하며 늘 신인인 환웅에게 빌며 사람으로 변화되기를 원하였다. 이 때 신인이 신령스런 쑥 한 뭉치와 마늘 스무 개를 주며 말하길, "너희들이 이것을 먹고 백 일 동안 햇빛을 보지 않으면 곧 사람의 모습을 얻을 것이다."라고 하였다. 곰과 호랑이는 그것을 받아서 먹으며 21일 동안 조심하였는데 곰은 여자의 몸을 얻었지만 호랑이는 조심하지 않아 사람의 몸을 얻지 못하였다. 웅녀는 함께 결혼할 사람이 없어서 매일 신단수 아래에서 잉태하길 비니 환웅이 일부러 변화하여 그와 혼인하였는데 잉태하여 아들을 낳으니 불러 이르길 단군왕검이다.

요임금 즉위 50년인 庚寅년(당요 즉위 원년은 戊辰년이므로 50년은 丁巳년으로 庚寅년이 아니니 아마도 사실이 아닐 것이다)에 평양성(지금의 서경)에 도읍하고 비로소 '조선'이라 일컬었다. 또 도읍을 백악산 아사달로 옮기니 궁('방'이라고도 함)홀산이라고도 하고 또 금미달이라고도 하는데 1500년 동안 나라를 다스렸다. 주나라 무왕이 즉위한 己卯년에 기자를 조선에 책봉하고 단군은 장당경으로 옮겼는데 나중에 아사달로 돌아와 숨어 산신이 되었으니 향년 1908세였다.

5. 絶利一源(절리일원)

이로운 근원 한 가지를 끊어라

絶 끊을 절, 利 이로울 이, 一 한 일, 源 근원 원

출전: 『음부경』

식당에 한 가족이 식사를 하러 간다. 아빠, 엄마, 아들, 딸이 한 자리에 앉는다. 시선을 마주치지 않는다. 주문한 음식이 나왔다. 음식을 먹으면서도 시선이 오가지 않는다. 음식점에서 나와 집에 가는 차에서 집에 들어와서까지 가족의 시선과 손은 모두 조그마한 손기계(手機)에 쏠려 있다. 요즈음 낯설지 않은 별로 스마트하지 못한 풍경이다.

노자老子는 '좋은 빛깔들은 사람들의 눈을 멀게 하고五色令人目盲, 매력적인 소리들은 사람들의 귀를 먹게 한다五音令人耳聾' 하여 현대인들의 외물에 대한 감각기관의 지나친 끌림에 대해 일찌감치 경고한 바 있다. 자기 조절력이 없는 상태에서의 습관적 끌림은 중독으로 연결되기 쉽다.

23

좀 더 빨리, 좀 더 많이, 좀 더 정확한 정보를 얻기 위한 정보기술의 발달은 힘들이지 않고 현대인의 감각기관을 종속시키고 있다. 이런 원클릭이 즉각적 편리성을 넘어 삶을 헤쳐 나가는 근기根氣를 얻는데 도움이 될까?

현실세계의 냉정한 상극相剋과 상살相殺의 이치를 갈파한 음부경을 음미해보면 꼭 그렇지만은 않은 것 같다. 인간이 내부에 지니고 있는 잠재력을 극대화시키는 방법에 대해 다음과 같이 제안하고 있다.

> "눈먼 이는 남보다 잘 듣고(瞽者善聽)
> 귀머거리는 남보다 잘 보니(聾者善視)
> 인간이 평소 외물을 지각하는 이로운 근원 가운데
> 한 가지라도 끊어버리면(絶利一源)
> 전투력을 열배로 증진시킬 수 있다(用師十倍).
> 이 방법을 터득하여 아침 저녁으로
> 세배의 공력을 들여 반복하다 보면(三反晝夜)
> 전투력이 만 배로 증가된다(用師萬倍)."

자기뿐만 아니라 자녀의 잠재력을 개발하면서 집중력과 창의력을 날로 증진시키길 원한다면 하루에 일정시간은 스마트와 멀어지는 스마트한 시간이 필요하다.

원문:『음부경』

瞽者善聽 聾者善視, 絶利一源 用師十倍, 三反晝夜 用師萬倍.

소경은 잘 듣고 귀머거리는 잘 보니 이로운 것의 한 근원을 막으
면(끊어버리면) 군사를 쓰는데 열 배나 좋아지고, 밤과 낮으로 세
번씩 반복한다면 군사를 쓰는데 만 배가 된다.

心生於物 死於物 機在於目.
마음은 물건에서 나오고 물건에서 죽으니 그 기틀이 눈에 있다.

『노자』

五色令人目盲, 五音令人耳聾, 五味令人口爽, 馳騁田獵令人心發
狂, 難得之貨令人行妨. 是以聖人爲腹不爲目, 故去彼取此.
다섯 가지 빛깔은 사람의 눈을 멀게 하고, 다섯 가지 소리는 사람
의 귀를 먹게 하며, 다섯 가지 맛은 사람의 입을 상하게 한다. 말
을 타고 달리며 사냥을 함은 사람의 마음을 미치게 만들고 얻기
어려운 재화는 사람의 행동을 방자하게 만든다. 이런 까닭에 성
인은 배를 위하고 눈을 위하지 않는다. 그러므로 저것을 버리고
이것을 취한다.

心生於物 死於物 機在於目.

마음은 물건에서 나오고 물건에서 죽으니
그 기틀이 눈에 있다

6. 大學之道(대학지도)

큰 배움의 길

大 큰 대, 學 배울 학, 之 갈지, 道 길 도

출전: 『대학』

현대에서 가장 복잡하고 어려운 문제 중 하나가 교육이다. 특히 우리 나라는 교육열이 높다고 자평하고 있다. 그 열기에 반해 교육에 대한 만족감은 크지 않은 듯하다. 유치원에서 대학까지의 전 과정동안 부모 는 부모대로 경제적 부담을 갖고 학생은 학생대로 지친다. 학교, 가정, 제도, 사회 등 얽혀있는 실타래를 풀 방법이 잘 안 보인다. 해법이 어렵 게 느껴지는 이유는 여러 가지가 있겠지만 가장 큰 이유는 교육이 추구 하는 가치체계의 혼돈과 부재不在에 있다. 백년의 대계라는 교육체계 의 방황을 끝내려면 전통적 교육의 체계에서 아이디어를 얻을 것이 없 을지 고민해볼 시점이다.

오래 전에 학문의 체계를 대소大小로 구분하여 소학과 대학의 과정을 마련하였다. 어릴 때 배우는 소학에서의 교육내용이란 아침에 일어나서 마당에 물 뿌리고 쓰는 청소, 부모와의 응대應對법, 집이나 학교에 들어오고 나갈 때의 절도, 스승님과 친구들에 대한 존중과 친교이다. 모두 주로 좋은 습관習慣을 일찍부터 들이는 것에 목표를 두었다.

비교적 나이 들어 배우는 대학大學에서는 외적으로는 개인의 수양修身과 가정생활齊家, 국가의 경영治國과 세계사회를 화평하게 하는 법平天下을 배운다. 내적으로는 마음을 다스리는 법正心, 스스로의 의지를 성실하게 하는 법誠意, 지식과 지혜를 갖추는 법致知, 세계를 마주하는 방법론格物을 배운다. 세계를 마주 대하고 연구하는 방법론에 무엇보다 먼저 본말의 문제를 확실하게 해야 한다고 하였다. 교육의 문제를 풀고 싶다면 먼저 교육이 근본적으로 무엇을 추구해야 하는지를 되물어야 할 것이다. 대학university에 본말을 가르치는 『大學』이 없다는 것이 교육의 현 주소이다.

원문: 『대학』

大學之道, 在明明德, 在親民, 在止於至善.
대학의 도는 밝은 덕을 밝히는 데 있으며, 백성과 친함에 있으며,
지극한 선에 그침에 있다.

古之欲明明德於天下者, 先治其國, 欲治其國者先齊其家, 欲齊其

家者先修其身, 欲修其身者 先正其心, 欲正其心者先誠其意, 欲誠
其意者先致其知, 致知在格物.

옛적에 천하에 밝은 덕을 밝히고자 하는‘ 자는 먼저 그 나라를 다
스리고, 그 나라를 다스리고자 하는 자는 먼저 그 집을 가지런히
하고, 그 집을 가지런히 하고자 하는 자는 먼저 그 몸을 닦고, 그
몸을 닦고자 하는 자는 먼저 그 마음을 바르게 하고, 그 마음을 바
르게 하고자 하는 자는 먼저 그 뜻을 진실되게 하고, 그 뜻을 진실
되게 하고자 하는 자는 먼저 그 앎을 이루니, 앎을 이룸은 사물에
다가가는데 있다.

物格而后知至, 知至而后意誠, 意誠而后心正, 心正而后身修, 身修
而后家齊, 家齊而后國治, 國治而后天下平.

사물이 다가온 뒤에 앎이 이르며, 앎이 이른 뒤에 뜻이 진실되고,
뜻이 진실된 뒤에 마음이 바르게 되고, 마음이 바르게 된 뒤에 몸이
닦이고, 몸이 닦인 뒤에 집이 가지런해지고, 집이 가지런해진 뒤에
나라가 다스려지고, 나라가 다스려진 뒤에 천하가 화평해진다.

7. 看簷頭水 (간첨두수)

처마 끝의 낙숫물을 보라

看 볼 간, 簷 처마 첨, 頭 머리 두, 水 물 수

출전:『명심보감』

세상 이치에 대한 깨달음이 필요한 제때에 이루어지면 얼마가 좋을까 마는 늘 한 발 늦어 후회가 생긴다. 오죽하면 죽을 때가 되어서야 철든다는 말까지 있을까! 자기가 몸소 느껴서 할라치면 이미 그 기회를 마련하기 어렵게 되었거나 이미 사라져버린 뒤이다. 그래서 후회를 되풀이하지 말라고 古典에는 사람은 이래야 한다 저래야 한다는 당위가 많고 그것을 귀중한 거울寶鑑로 삼았는가 보다. 명심보감도 마찬가지이다.

그 속엔 삶을 살면서 후회를 적게 하기 위한 경책警策들이 들어있다. 그 중에 효도에 관한 것도 들이있다. 강태공姜太公이 말한 "어버이에게 효도하면孝於親 자식 또한 효도하리니子亦孝之 내 자신이 이미 불효한데身旣不孝 자식이 어찌 효도하겠는가子何孝焉?" 는 효도하고 순한 사람은 다시 효도하고 순한 자식을 낳고孝順還生孝順子 거역한 사람은 다시 거역하는 자식을 낳는다忤逆還生忤逆兒는 뜻이다. 이 말을 믿지 못하겠거든 처마 끝의 낙숫물을 보라고但看簷頭水 하였다.

어릴 적 살던 집에서 비가 내리는 날이면 지붕에서 흘러내리는 물이 처마 끝에서 뚝 뚝 떨어졌다. 아파트가 대부분인 지금도 처마가 있는 집에서는 그런 경치를 볼 수 있다. 낙숫물을 보면 방울방울 떨어지는데 지금 한 방울이 떨어질 때 이미 물방울이 떨어진 자리에 떨어지고 또 뒤의 한 방울도 지금 떨어진 그 자리에 떨어진다點點滴滴不差移. 이처럼 내가 부모에게 했던 그대로 자식이 나에게 한다는 의미이다. 효라는 도리뿐 아닐 것이다. 지금 그것이 어떤 의미인지를 깨닫지 못한다 하더라도 해야 할 것이면 하는 것이 후회를 줄이는 일이다.

원문: 『명심보감』

太公曰, 孝於親 子亦孝之, 身旣不孝 子何孝焉
태공이 말하기를 "어버이에게 효도하면 자식 또한 효도하리니, 내 자신이 이미 불효한데, 자식이 어찌 효도하리요?"

孝順還生孝順子, 忤逆還生忤逆兒, 不信 但看簷頭水. 點點滴滴不差移

(부모에게) 효도하고 순한 사람은 다시 효도하고 순한 자식을 낳고, (부모에게) 거역한 사람은 다시 거역하는 자식을 낳는다. 믿지 못하겠거든 저 처마 끝의 낙숫물을 보라. 방울방울 떨어짐이 어긋나지 않는다.

8. 有貴於己(유귀어기)

자기에게 귀함이 있다

有 있을 유, 貴 귀할 귀, 於 어조사 어, 己 몸 기

출전: 『맹자』

조개를 가지고 화폐로 유통했다는 문자학적 증거를 조개 패貝가 들어간 글자에서 찾아볼 수 있다. 재화財貨라는 단어가 대표적이다. 그 당시 조개는 재산상의 부의 척도일 뿐 아니라 신분상의 귀천의 척도이기도 하였다. 그래서 귀천을 구분할 때도 이 조개가 들어가 있다. 귀하다는 귀貴자는 조개를 가득 지니고 있는 것이고, 천하다는 천賤자는 조개가 작고 적은 것이다.

맹자는 사람의 몸으로 두 가지 종류의 대소와 귀천을 말했다. 보고 듣는 감각기관인 이목耳目이 소체小體이고, 마음으로 생각할 수 있는 심사心思를 대체大體라 하여, 대체를 따르면 대인이 되고 소체를 따르면 소인이 된다고 하였다. 귀천과 관련하여서는 하늘이 내려준 작위와 인

간이 내린 작위를 구분하여 인의仁義라는 벼슬은 천작天爵이고, 공경
公卿 등의 벼슬은 인작人爵이라 하였다.

이 중에서 맹자는 천작이야 말로 누구나 지니고 있어 가장 귀한 벼슬
인데 사람들이 그런 생각을 하지 않는다고 애석해하였다. 인작은 남이
줄 수도 있고 다시 빼앗을 수도 있어 나를 귀하게도 천하게도 할 수 있
는 것이지만, 천작은 남이 빼앗을 수도 줄 수도 없는 가장 귀한 것이라
는 의미이다. 누구든 귀해지고 싶어 하면서도 자기에게 본래적 귀함이
있음을有貴於己 생각지 못해 그 길을 가지 않으려 한다는 의미이다.

무한우주의 근본이 어디에 있는가의 질문에 대해 천부경天符經에서
는 인간의 본심本心이 바로 우주의 근본으로本心本 태양처럼 밝게 빛
나고 있다고太陽昂明 하였고, 화엄경華嚴經에서는 만약 삼세의 부처
에 대해 제대로 알고 싶거든若人欲了知 三世一切佛 우주의 일체의 존
재와 작용은 오직 마음이 만들어낸다는 진리를 제대로 보아야 한다應
觀法界性 一切唯心造라 하였다. 현실을 살아가는데 조개를 충분히 간
직해놓는 것도 필요하지만 삶에 더욱 근본적인 조개는 바로 나의 마음
에서 찾아야 하는 것이 아닐까?

원문: 『맹자』

公都子問曰鈞是人也, 或爲大人, 或爲小人, 何也. 孟子曰, 從其大
體爲大人, 從其小體爲小人.

공도자 물어 말하길 "똑같은 것이 사람이로되 혹 대인이 되고 혹 소인이 되니, 어째서입니까?" 맹자 말씀하시길 "그 대체를 따르는 것이 대인이요 그 소체를 따르는 것이 소인이니라."

曰鈞是人也, 或從其大體, 或從其小體, 何也. 曰耳目之官, 不思而蔽於物, 物交物則引之而已矣, 心之官則思. 思則得之, 不思則不得也, 此天之所與我者. 先立乎其大者, 則其小者不能奪也, 此爲大人而已矣.

말하길 "똑같은 것이 사람이로되 혹 그 대체를 따르며 혹 그 소체를 따르는 것은 어째서입니까?" 말씀하시길 "귀와 눈의 기능은 생각하지 않아 물건에 가려지니 물건이 물건과 사귀면 이끌릴 뿐이요, 마음의 기능은 생각하느니라. 생각하면 얻어지고 생각하지 아니하면 얻지 못하니 이는 하늘이 나에게 준 것이라. 먼저 그 큰 것을 세워놓으면 그 작은 것이 능히 빼앗지 못하니 이것이 대인이 될 뿐이니라."

孟子曰有天爵者, 有人爵者, 仁義忠信樂善不倦, 此天爵也, 公卿大夫, 此人爵也. 今之人修其天爵, 以要人爵, 旣得人爵而棄其天爵, 則惑之甚者也. 終亦必亡而已矣.

맹자 말씀하시길 "천작이 있으며 인작이 있으니 인의와 충신과 낙선과 게으르지 않는 것은 이것이 천작이요 공과 경과 대부는 이 인작이니라." 지금 사람은 그 천작을 닦아서 인작을 요구하고, 이미 인작을 얻으매 그 천작을 버리니 의혹함이 심하니라. 마침내 또한 반드시 잃을 뿐이니라.

孟子曰, 欲貴者人之同心也, 人人有貴於己者, 弗思耳. 人之所貴者, 非良貴也, 趙孟之所貴, 趙孟能賤之.
맹자 말씀하시길 "귀하고자 하는 것은 사람의 똑같은 마음이니 사람마다 몸에 귀함이 있건마는 생각하지 않느니라." 사람이 귀하게 여기는 것은 양귀가 아니니 조맹의 귀한 바를 조맹이 능히 천하게 하느니라.

9. 至誠如神(지성여신)

지극한 정성은 신과 같다

至 지극할 지, 誠 정성 성, 如 같을 여, 神 귀신 신

출전:『중용』

새해가 되면 많은 사람들이 한 해 동안의 자기와 가까운 이들의 신수身數를 보기도 하고 국운國運을 궁금해 하며 나름대로 점쳐보기도 한다. 평범한 차원에서는 반신반의半信半疑의 문화적 풍습으로 치부되기도 한다. 이른바 미래에 대한 인식의 문제이다.

만물은 인간이 다가가 활짝 열어보기 전에는 자신을 훤히 드러내지 않는다. 그래서 만물에 다가가보라는 의미의 격물格物이 동양학 공부의 시작이자 기본 과제이다. 그렇게 다가가면 다가갈수록 나에게 다가오는 물건인 내물來物과의 만남이 가능하게 된다. 그 과정에서 물건이 열린다는 개물開物을 경험한다.

열기 힘든 많은 물건 중에 가장 어려운 물건이 바로 미래未來이다. 다가오는 미래에 다가가 미래를 여는 문제를 중용에서는 조짐兆朕과 정성으로 이야기 한다. 정성으로 다가감이 있어야 다가오는 조짐을 알고 마침내 구체적 할 일도 열어나간다.

이런 내용을 중용에 밝혀놓았다. 지극한 정성을 드리면至誠之道 먼저 알 수 있다可以前知. 국가가 장차 흥하거나 망할 때는 반드시 먼저 그에 걸 맞는 조짐을 드러낸다. 그러므로 지극한 정성은 신과 같다至誠如神. 정성을 드리지 않으면 만사가 이루어지지 않는다는 '불성무물不誠无物'로 새해를 시작해보자.

원문:『중용』

至誠之道, 可以前知. 國家將興, 必有禎祥; 國家將亡, 必有妖孽, 見乎蓍龜, 動乎四體. 禍福將至, 善必先知之, 不善必先知之, 故至誠如神.

지극한 정성의 도는 미리 알 수 있으니 국가가 흥하려할 때는 반드시 상서로운 조짐이 있으며, 국가가 망하려 할 때는 반드시 괴이한 조짐이 있으니 시초와 거북점에 나타나며 몸에도 드러난다. 재앙과 복이 이를 때 선을 먼저 알며 불선을 먼저 아니 그러므로 지극한 정성은 신과 같다.

10. 一病異治(일병이치)

동일한 병에 다스림은 다르다

一 한 일, 病 병 병, 異 다를 이, 治 다스릴 치

출전: 『황제내경』

의醫자를 보면 궤 치료도구를 넣는 상자나 침상匚도 있고 날카로운 침矢도 있고 나무막대기나 나뭇가지殳도 있고 약물을 담은 그릇酉도 있다. 물상을 뜯어보면 각각 안마, 침, 뜸, 약물을 상징하는 것으로 보일 수도 있다. 황제내경에서는 의사가 병을 다스릴 때 이 중에 무엇을 쓸지 고민해야 한다고 하였다. 그 기원과 관련하여 그 지역의 풍수에서 비롯되는 기후환경이 사람의 체질형성에 가장 중요한 영향을 미치는 것으로 파악하였는데 여름철 열습熱濕에 도움이 될까 소개해본다.

동방東方의 지역은 봄의 시작하는 기후로 온화하고 해산물인 물고기와 소금이 풍부해 어류와 짠맛이 나는 음식을 많이 먹어 피血를 상하게 하여 피부색이 까맣고 살결이 거칠다. 등창이나 부스럼 종기가 많이 생겨 돌침을 놓아 치료하는 방법이 전해졌다.

서방西方의 지역은 금과 옥이 많이 나고 땅에는 모래와 자갈이 많으며 가을의 수렴하는 기후로 바람도 많고 풍수와 토질이 전반적으로 세서 옷은 대충 걸쳐 입어도 먹는 것은 기름진 동물성 음식을 섭취한다. 몸이 살이 쪄서 사기가 외부에 침범하지 못해 내부에서 병이 생겨 약물로 치료하는 방법이 전해졌다.

북방北方의 지역은 겨울의 기상으로 기후가 춥고 유목생활을 하며 거처를 옮기니 소나 양의 젖을 먹는다. 장부에 한질寒疾이 들기 쉬워 배가 불러 오르는 병이 걸리기 쉬우므로 따뜻한 쑥뜸으로 치료하는 방법이 전해졌다.

남방南方의 지역은 여름의 기상으로 만물이 잘 자라고 번식한다. 신맛이 나는 음식과 발효된 음식을 먹는데 피부는 붉은 색을 띤다. 병으로는 경련과 마비 등이 자주 발생하여 작은 침을 써야 하니 아홉 가지 침은 남방에서 전해졌다.

중앙中央은 토의 기상으로 지역이 평평하고 생산물이 풍부하여 음식도 종류가 다양하고 사람들도 한가로워 근육이 위축되고 힘이 없어지는 병에 걸리기 쉬워 안마나 도인술 등이 전해졌다. 꼭 오방五方출신만 그렇다는 것이 아니고 동일한 병세라도一病 각자의 체질에 맞게 응용하여 치료하면異治 도움이 될 수 있다.

11. 有己求人(유기구인)
자기에게 갖추어 놓고 남에게 구하라

有 있을 유, 己 몸 기, 求 구할 구, 人 사람 인

출전:『대학』

　사람살이에는 감정도 있고 가치도 있다. 감정을 나타내는 말은 다양
하지만 예기禮記에서는 희노애구애오욕喜怒哀懼愛惡欲의 7정으로 통
틀어 말했다. 중용中庸에서는 희노애락喜怒哀樂의 4정으로 정리하였
고, 대학에서는 호오好惡라는 두 가지 사물에 대응하며 발현하는 2정
으로 표현하였다. 가치를 나타내는 말도 다양하지만 대별하여 총괄한
것이 선악善惡이다.

　조선후기 다산은 좋아하고 싫어한다는 호오好惡라는 것은 말 그대로
기호嗜好이기 때문에 인간이 선을 좋아하고 악을 싫어한다는 성기호
설性嗜好說을 주장하였고, 동무 이제마는 호선好善과 오악惡惡사이에
미묘한 차이를 매겼다. 동무의 사상의학체계에서 이목비구耳目鼻口는

폐비간신肺脾肝腎과 대응한다.

좋은 것은 이목비구耳目鼻口에 부여된 성성性을 따르게 하고 나쁜 것은 폐비간신肺脾肝腎에 부여된 성性을 거스른다. 하나는 순순順으로 호선이고 하나는 역逆으로 오악이다. 이에 대해 『대학』에서는 "자기에게 좋은 것을 갖추어 놓은 뒤 남에게 요구하라有諸己而後求諸人고 경책하고 있다. 자기에게 나쁜 것이 없은 뒤에無諸己以後 남을 그르다고 하라非諸人"하였다.

좋은 것을 남에게 요구하는 것은 호선好善이고, 남의 그릇됨을 꾸짖는 것은 오악惡惡이다. 자기 몸에 간직한 것이 서(恕: 밝게 알아서 용서함)가 아니면所藏乎身不恕 남을 깨우쳐줄 수 있는 사람은 없다而能喩諸人者未之有也. 결국 남의 나쁜 점을 꾸짖거나 남에게 좋은 것을 권하기 전에 자기 몸을 철저히 성찰해보라는 수기修己의 경계이다.

원문:『대학』

堯舜帥天下以仁, 而民從之, 桀紂帥天下以暴, 而民從之, 其所令反其所好, 而民不從, 是故, 君子有諸己而後求諸人, 無諸己而後非諸人, 所藏乎身不恕, 而能喩諸人者, 未之有也.

요순이 천하를 어짊으로써 거느리니 백성이 쫓고, 걸주가 천하를 사나움으로 거느리니 백성이 따르니, 그 명령하는 바가 그 좋아하는 바에 반하면 백성이 쫓지 않는다. 이런 까닭에 군자는 자기의 몸에 선이 있은 뒤에 다른 사람에게 구하며, 자기의 몸에 악함이 없은 뒤에 다른 사람을 그르다 하나니, 자기 몸에 간직한 바가 용서받지 못할 것이면서 능히 다른 사람을 깨우칠 자는 있지 아니하다.

12. 易有四象 (역유사상)

자연의 변화에는 사상의 원리가 있다

易 바꿀 역, 有 있을 유, 四 넉 사, 象 형상 상

출전: 『주역』

현대는 과학의 시대이다. 과학기술의 도움이 없다면 생각할 수 없는 일상이다. 사물의 구조와 운동의 원리를 밝혀내는 학문이라는 차원에서 보면 과학은 『대학』의 격물格物에 해당한다. 격물은 쉽게 말해 사물에 다가가 살펴보는 것이다.

격물에서는 무엇을 살펴보는가? 어떤 공간적 대상의 근원적인 것과 지엽적인 것物有本末, 시간 흐름 속에서는 마침과 시작의 구간事有終始을 통찰하는 것을 요점으로 한다. 그리고 그 목적은 주로 가치의 우선순위를 어떻게 구성하는 것이 현실적으로 타당한 행위를 하는 것인지 깨달아서知所先后 인간으로서 가야할 길을 제대로 가게 하는 당위적 관점에 있다則近道矣.

반면에 현대의 과학은 주안점이 당위보다는 존재 그 자체를 어떻게 하면 좀 더 정확히 규명할 수 있는가에 있다. 그러므로 시대가 갈수록 이전에 밝혀지지 않았던 새로운 사실들이 속속 밝혀지고 있다. 최근에 산업의 분야에서도 각광받고 있는 생명공학도 과학의 덕이다. 물질로만 보면 생명은 단백질 덩어리이며 단백질을 이루고 있는 아미노산은 ADCT라는 4가지 염기로 구성되어 있다. 그리고 이 구성의 방법은 세 번의 중복적 선택에 의해 이론상으로는 4의 3승인 4×4×4=64가지이지만 현실은 20가지이며 나머지 44가지 종류는 현실화되지 않은 미제未濟의 분야이다.

음부경에 천인합발天人合發이라고 하였듯이 인문학적 차원의 격물과 과학적 차원의 탐구가 상생공존 해야만 살 수 있는 시대가 도래하였다. 과학은 사실을 정확히 드러내주고 인문학은 방향을 정해주는 통섭적 관점이 필요하다는 의미이다. 그것이 주역의 현대적 역할이다. 태양 태음 소양 소음이라는 주역의 사상四象이론은 첫 머리괘인 건괘에 원형이정元亨利貞으로 표현해놓았다. 그리고 원형이정은 천체의 기후인 춘하추동, 지리적 공간의 구분인 동서남북, 인간의 윤리인 인의예지를 통섭하고 있다. 생명공학의 문제는 단순히 기술의 문제가 아니다. 천문과 지리와 인사를 일관하는 우주적 섭리의 문제이다.

원문:『주역』

是故, 天生神物, 聖人則之, 天地變化, 聖人效之, 天垂象, 見吉凶,

聖人象之, 河出圖, 洛出書, 聖人則之,

이런 까닭으로 하늘이 신령한 물건[神物]을 내거늘 성인이 본받으며, 천지(天地)가 변화하거늘 성인이 본받으며, 하늘이 상(象)을 드리워 길흉을 나타내거늘 성인이 그려내며, 하수(河水)가 하도(河圖)를 내며 낙수(洛水)가 낙서(洛書)를 내거늘 성인이 본받으니,

易有四象, 所以示也, 繫辭焉, 所以告也, 定之以吉凶, 所以斷也.

역(易)에 사상(四象)이 있음은 이로써 보여주는 것이고, 말을 달은 것은 이로써 일러주는 것이고, 길흉으로 정함은 이로써 결단하는 것이다.

太公曰, 孝於親 子亦孝之, 身旣不孝 子何孝焉

태공이 말하기를 "어버이에게 효도하면 자식 또한 효도하리니,
내 자신이 이미 불효한데, 자식이 어찌 효도하리요?"

13. 自勝者强(자승자강)

스스로를 이기는 자가 강하다

自 스스로 자, 勝 이길 승, 者 놈 자, 强, 강할 강

출전: 『노자』

올림픽에서 세계의 선수들이 각종 경기에서 승리勝利를 다투고 있다. 힘에 강약强弱이 있고 그에 따른 승부勝負가 따른다. 강한 자가 약한 자를 이기는 것이 상식이다. 승부결과에 따라 금메달이 있고 은메달이 있고 동메달이 있고 그것도 얻지 못하는 경우도 많다. 우리는 늘 자랑스러운 메달에 주목한다.

노자는 힘과 관련하여 "남을 이기는 자는 힘이 있고勝人者有力 스스로를 이기는 자는 강하다自勝者强"고 하였다. 우리는 종종 남을 이겼다는 결과보다는 자신과의 고독한 싸움을 이겨낸 과정이 아름다움을 실감한다. 그래서 유력有力한 사람에 대한 평가와 보상뿐만 아니라 스스로를 이긴 자에 대한 격려와 칭찬을 빼놓지 않는다.

세상을 살펴보고 아는 것과 관련하여서도 노자는 남을 아는 것을 지智라 하고知人者智, 자신을 아는 것을 명明이라고自知者明 하였다. 역力이 남을 이기는 힘이고 지智가 남을 아는 것이라면 강强은 자신을 이기는 것이고 명明은 스스로를 아는 것이다.

성인들은 이렇게 늘 이 세상을 살아가는 장본張本인 '자自'에 대해 환기를 시킨다. 논어에서 공자는 수제자인 안연의 인仁에 관한 질문에 극기복례克己復禮란 말로 답하였고, 주역에서는 자강불식自彊不息이라 하였다. 근본적으로는 자기自己의 문제로 귀결된다. 매일 마다 경기를 치르는 우리 일상의 삶에서 최선을 다하는 사람을 보면 아름답다.

원문:『노자』

知人者智, 自知者明.

남을 아는 것을 지혜라 하고, 자신을 아는 것을 밝음이라 한다.

勝人者有力, 自勝者强.

다른 사람을 이기는 자를 힘이 있다고 하고, 자신을 이기는 자를 강하다고 한다.

知足者富, 强行者有志.

족한 줄 아는 지는 부유하고, 깅하게 헹하는 자는 뜻이 있나.

不失其所者久, 死而不亡者壽.

도를 잃어버리지 않는 자는 오래 가고, 죽어도 도가 없어지지 않는 자는 오래 산다.

14. 困以寡怨(곤이과원)

곤궁할수록 원망을 줄여라

困 곤한 곤, 以 써 이, 寡 적을 과, 怨 원망할 원

출전: 『주역』

계사癸巳년의 계癸는 10번째 천간天干이고 사巳는 여섯 번째 지지地支이다. 역易에서는 수數를 가지고 팔괘의 상象을 만드는데 10은 8로 제하면 2로 못을 상징하는 태괘二兌澤이고, 6은 물을 상징하는 감괘六坎水로 괘를 만들면 택수곤澤水괘[䷮]가 된다.

곤괘는 못에 물이 없는澤无水 상으로 어려운 상황을 암시한다. 형편이 곤궁하다보면 별별 마음이 다 들지만 그 중에 제일 먼저 들기 쉬운 마음이 바로 원망이다. 나의 현재 곤궁함은 나에게 비롯된 것이 아니라는 마음이 들게 되면서 하늘을 원망하고 조상을 원망하고 남들을 탓하기도 한다. 이런 마음이 극도로 달려가면 무차별 분풀이로 나타날 수 있다.

주역에서는 곤궁할 때의 해법으로 객관적 구조를 변화시키기 위한 노력과 주관적 심정을 다잡기 위한 두 가지를 제시한다. 객관적 구조의 변화는 홀로 일어나지 않으므로 자신과 힘을 합해나갈 수 있는 사람을 서로 만나서 해결해나가라困相遇고 하였다. 이런 때 만난 이들이 참 은 인이다.

주관적 심정을 다잡기 위한 방법이 바로 원망을 줄이는 일이다困以寡怨. 깊숙이 성찰해보면 다 내 탓인 것이다. 맹자도 '남에게 사랑을 주었는데도 친해지지 않거든愛人不親 나의 사랑을 돌이켜보고反其仁, 남을 다스리려 하는데도 다스려지지 않거든治人不治 나의 지혜를 돌이켜보고反其智, 남에게 예를 차렸음에도 답이 없거든禮人不答 나의 공경을 돌이켜보라反其敬' 고 하였다. 위로는 하늘 원망할 일이 없고上不怨天 아래로는 남 탓할 일 없다下不尤人.

원문:『주역』

履以和行, 謙以制禮, 復以自知, 恒以一德, 損以遠害, 益以興利, 困以寡怨, 井以辨義, 巽以行權.

리(履)로 행실을 온화하게 하고, 겸(謙)으로 예를 절제하고, 복(復)으로 스스로 알고, 항(恒)으로 덕을 한결같이 하고, 손(損)으로 해로움을 멀리하고, 익(益)으로 이로움을 일으키고, 곤(困)으로 원망을 적게 하고, 정(井)으로 의리를 분별하고, 손(巽)으로 권도(權道)를 행한다.

『맹자』

孟子曰, 愛人不親, 反其仁, 治人不治, 反其智, 禮人不答, 反其敬.
맹자 말씀하시길 "사람을 사랑하되 친하지 않거든 그 인을 돌이켜 보고, 사람을 다스리는 데 다스려지지 않거든 그 지혜를 돌이켜 보고, 사람에게 예를 해서 답하지 않거든 그 공경을 돌이킬 지니라."

15. 无信不立(무신불립)
믿음이 없으면 설 수가 없다

无 없을 무, 信 믿을 신, 不 아니 불, 立 설 립

출전:『논어』

정치를 한다고 할 때의 정政은 바를 정正과 등글월 문攵으로 구성되어 있다. 한자에서 등글월 문攵은 칠 복攴이라고도 하는데 영어의 let에 해당하는 사역使役의 의미가 있다. 나라가 바르게 굴러가야 하는데 자동적으로는 잘 안되니까 그렇게 만들어야 한다는 뜻이 정政이란 글자이다. 현실에서 제대로 실현되지 않기는 예나 지금이나 마찬가지였나 보다.

공자에게 정치란 무엇이고 정치는 어떻게 해야 하는가에 관한 질문이 꽤 들어왔다. 하루는 자공이 그 질문을 하였다. 그러자 공자는 식량의 문제가 충족되고足食 외침으로부터 국민의 안전을 지켜낼 수 있는 군사력을 튼튼하게 하면서足兵 국민들에게 신뢰를 받게 되면民信 좋은 정치가 될 것이라고 하셨다.

현실적으로 최선을 다하여도 이 세 가지를 모두 구현하기 힘들어 부득이하게 하나를 포기해야 한다면 무엇을 포기해야 합니까?

군사력이다.

그럼 나머지 남는 두 가지 중에 다시 부득이해서 하나를 포기해야 한다면 무엇을 포기합니까?

식량 문제이다.

식량이 모자라 죽는 일은 역사상에서 늘 있어왔으므로 부득이하게 굶어 죽는 문제로 인해 정치가 사망선고를 받지는 않는다. 그렇지만 신뢰를 잃게 되면 설사 굶어 죽는 문제를 해결한다 해도 그 정치력은 사실상 존립할 수가 없다.

동양학에서 인간의 성품을 오행학적 이론에 의해 인의예지신으로 구분하는데 한양의 설계구도를 보면 동방은 흥인興仁의 인이고, 남방은 숭례崇禮의 예이고, 서방은 돈의敦義의 의이고, 북방은 광지廣智의 지이고, 한 가운데 위치해있는 것이 바로 신信이다.

중심이 흔들리면 서있을 수가 없다.

원문:『논어』

子貢問政. 子曰, 足食足兵, 民信之矣.

子貢이 政事에 대하여 묻사. 공사께서 내답하셨나. 양식을 충분하게 하고, 병력을 충분하게 하고, 백성이 신뢰하면 된다.

子貢曰, 必不得已而去, 於斯三者何先. 曰, 去兵.

子貢이 묻기를, 부득이 하나를 버려야 한다면, 셋 중에 어느 것을 먼저 해야 합니까?

공자께서 답하길, 병력을 버려라.

子貢曰, 必不得已而去, 於斯二者何先. 曰, 去食. 自古皆有死, 民無信不立.

자공이 묻기를, 부득이 한 가지를 또 버려야 한다면 나머지 둘 중에서 어느 것을 먼저 해야 합니까?

孔子께서 답하길, 양식을 버려라. 옛 부터 누구든 한 번은 죽는다. 그러나 백성이 신뢰하지 않으면 나라가 존립 할 수 없다.

16. 文質彬彬(문질빈빈)

꾸밈과 본질은 어우러져야 한다

文 무늬 문, 質 바탕 질, 彬 빛날 빈, 彬 빛날 빈

출전:『논어』

동일한 해인데 떠오르기 직전 여명과 한 낮의 밝음과 기울어질 때의 노을과 떨어진 뒤 깜깜한 어둠이 다르다. 달도 마찬가지이다. 동일한 달 일 뿐인데 초승달의 여림과 보름의 풍만함과 그믐의 스산함이 다르다. 이렇듯 자연의 세계에서는 본질과 꾸밈이 늘 어우러져 있기 때문에 꾸 밈과 동떨어진 본질이나 본질이 없는 꾸밈은 상상하기조차 힘들다.

그러나 의지를 지닌 영리한 사람의 세계는 그렇지 않다. 때로는 지나 친 꾸밈 때문에 본질을 왜곡하는 경우도 있고, 전혀 꾸미지 않으면 본 질이 드러나지도 않는 경우가 있다. 논어에 이 문제가 등장한다. 위衛나 라 대부였던 극자성棘子成은 당시 사람들이 지나치게 꾸밈에 치중하 는 것을 보고 군자란 본질만을 잘 지키면 되고 꾸밈은 필요 없다는 본질유일본質唯一의 입장을 밝혔다.

이 말을 들은 자공子貢은 문질일치文質一致를 주장하며 꾸밈의 중요성을 강조하며 주장의 근거로 호랑이, 표범, 개, 양의 털을 벗긴 가죽을 들었다. 이 동물들은 각각 성질이 다른 데 가죽의 털을 벗겨 무늬를 싹 지워버리고 가죽만 남겨놓으면 어떻게 구분할 수 있겠느냐는 것이다. 군자와 소인을 구분할 수 있는 문식이 꼭 필요하다는 것이다.

본질과 꾸밈은 떼려야 뗄 수 없는 관계인 것은 맞지만 그렇다고 동일한 가치위계를 지니고 있는 것은 아니다. 그러므로 공자는 문질빈빈文質彬彬이라는 중용의 도리를 주장한다. 본질이 지나쳐 꾸밈을 무시하면 촌스러워지고 꾸밈이 지나쳐 본질을 무시하면 표현만 잘하니 본질과 꾸밈이 잘 어울려야만 군자라 할 수 있다고 하였다. 늘 지나치게 진취적인 제자에게는 물러나게 하고 늘 물러나려는 제자에게는 나아가게 한 공자는 문질文質의 문제와 관련하여 이 시대에 어떤 말씀을 하실까?

원문:『논어』

子曰: 質勝文則野, 文勝質則史. 文質彬彬然後君子.

공자가 말씀하였다: 본질이 꾸밈을 이기면 촌스럽고 꾸밈이 본질을 이기면 겉치레만 잘함이니 꾸밈과 본질이 잘 어울려야 군자이다.

棘子成曰: 君子質而已矣, 何以文爲?

子貢曰: 惜乎! 夫子之說, 君子也. 駟不及舌. 文猶質也, 質猶文也.
虎豹之鞹猶犬羊之鞹.

극자성이 말하였다: 군자는 본질을 갖출 뿐 꾸밈을 어디에 쓰겠
는가?

자공이 말하였다: 애석하구나! 극자성의 말씀이 군자답지만 말이
끄는 수레도 혀에서 나오는 말을 따라잡지는 못한다. 꾸밈은 본
질과 같고 본질은 꾸밈과 같으니 호랑이와 표범의 털 없는 가죽
이 개나 양의 털 없는 가죽과 같다.

17. 三復白圭 (삼복백규)

백규(白圭)를 세 번 반복하다

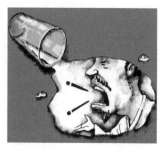

三 석 삼, 復 돌아올 복, 白 흰 백, 圭 홀 규

출전:『논어』

공자에게는 남용南容이라는 제자가 있었는데 공자는 그를 '나라에 도가 있을 때는 쓰일 것이고, 나라에 도가 없을 때는 형벌을 면할 것이다'라고 평가하여 조카를 시집보냈다.『논어』에는 공자가 남용의 사람됨을 이렇게 평가할 만한 근거를 다음과 같이 소개하고 있다.

"남용이 백규를 세 번 반복하거늘三復白圭 공자께서 형의 딸을 그에게 시집보내셨다."

백규는『시경』대아 억편抑篇의 시이다.

> 백규지점白圭之玷은 상가마야尙可磨也어니와
> 사언지점斯言之玷은 불가위야不可爲也로다

흰 옥의 티는 오히려 갈아 없앨 수 있지만

이 말의 티는 어찌할 수 없도다.

    이 시를 남용은 하루에 세 번씩 반복해서 외웠다는 것이다. 자연스런 생리적 일상 외에 하루에 무엇인가 세 번씩 반복한다는 것은 일관된 실천의지이다. 논어의 맨 마지막 구절은 '말을 알지 못하면不知言 사람을 알지 못한다無以知人'로 끝을 맺는다. 지언知言과 지인知人의 문제이다. 맹자도 제자 공손추가 선생님의 장점이 무엇이냐고 묻자 지언知言을 먼저 들었다. 논어 맹자 등의 경서에서 말을 안다는 것은 가나다라, a·b·c·d의 문제가 아니라 그 말을 한 사람의 마음, 즉 그 사람됨을 안다는 또 다른 표현이다.

    명심보감에도 인간의 희노애락은 마음에 있지만喜怒在心 결국 말을 통해 밖으로 나오게言出於口 되니 삼가지 않을 수 없다不可不愼고 하였고, 말씀 언言자는 그 글자에서도 현시하듯이 마음心이 입口 밖으로 나와 굳어진 모양으로 한번 내뱉으면 복분지수처럼 돌이킬 수 없다.

    그런데 마음은 눈에 보이지 않고 귀에 들리지 않으며 출입에 일정한 방향이 없어 다스리기 어렵다. 그래서 『주역』에서도 거꾸로 그 마음의 표출인 말을 할 때마다 삼가 닦아서修辭 속마음의 진실성을 정립하라고立誠 권하였다. 이른바 비례물언非禮勿言 또한 이런 맥락이다.

    매일매일 스트레스로 고생하는 현대인의 삶에서 맺힌 마음을 표현하며 풀지 않고는 살 수 없을 지경이다. 하지만 오죽하면 옛 부터 입을 '화를 부르는 문' 口是招禍之門이라고 하였을까! 힘든 시대를 살아가면서 후회를 줄일 수 있는 언어습관을 가까운 사이에서부터 서로 챙겨보는 것도 좋겠다.

원문:『논어』

南容三復白圭, 孔子以其兄之子妻之.

남용이 백규를 읊은 시를 세 번 반복해서 외우니, 공자께서 조카를 그에게 시집보내셨다.

『시경』

質爾人民 謹爾侯度, 用戒不虞 愼爾出話, 敬爾威儀 無不柔嘉 白圭之玷 尙可磨也, 斯言之玷 不可爲也.

네 인민을 안정케 하며 네 제후로서의 법도를 삼가서 헤아리지 못한 일을 경계함이요, 네 말을 신중하게 하며 네 몸가짐을 공경히 해서 편안하고 아름다움 아님이 없게 할지어다. 흰 구슬의 이지러짐은 오히려 갈 수 있거니와 말이 이지러진 것은 가히 어떻게 하지 못하니라.

18. 豫必有隨(예필유수)

즐거우면 반드시 따르게 된다

豫 즐거울 예, 必 반드시 필, 有 있을 유, 隨 따를 수

출전: 『주역』 「서괘전」

주역은 공자가 만년에 죽간竹簡을 이어놓은 가죽끈韋編을 세 번씩이나 끊어뜨릴三絕 정도로 깊이 연구한 경전이다. 주역은 64괘를 근간으로 구성되어 있는데 16번째의 괘가 예괘豫卦[䷏]이고 17번째가 수괘隨卦[䷐]이다. 예괘는 뇌지예雷地豫로 땅地 밖으로 우레雷가 분출하면서 소리를 내는 상으로 음악音樂제작의 자연적 계기를 말해주고 있다. 여기에서 즐거움樂과 그 즐거움을 지키기 위해 위험요소에 대한 예측豫測과 예방豫防의 의미가 도출되었다.

수괘隨卦는 택뢰수澤雷隨로 못澤 속에서 우레雷가 진동함에 못물이 출렁이며 그 진동을 따른다는 의미이다. 동서東西의 관점에서 우레雷는 동방이고 못澤은 서방인데 동방의 움직임에 서방이 따르는 상이나.

천하의 사람들이 모두 따르지 않을 수 없는 것이 있는데 그것을 때라고 天下隨時 하였다. 지금 천하는 음악을 중심으로 한 즐거움의 때를 따르고 있다. 동방 K-POP의 세계적 유행은 이를 방증한다.

문자가 없던 시절 옛적 성인聖人은 수괘隨卦의 아래에서 움직임에 위에서 출렁거리며 따르는 상을 취하여 승마사회乘馬社會를 이루었다고 하였다. 무거운 짐을 들고 다니거나 멀리 걸어가기에 벅찬 인간 힘의 한계를 해결할 수 있는 방법으로 소를 길들이고服牛 말을 타서乘馬 무거운 짐을 끌고引重 멀리까지 다녔다고致遠 하였다.

요즈음 말을 타고乘馬 즐거워하며 말춤을 따라하는豫隨 천하의 사람들을 보니 기연機緣이 갖추어지면 도수度數가 즉발卽發하는 후천인가 보다. 그런데 공자는 '무작정 기쁨만을 가지고 다른 이를 따르는 자以喜隨人者에게는 반드시 일이 생기므로必有事 그 다음 고괘蠱卦로 받았다'고 하였으니 완미玩味해 볼 일이다.

원문:『주역』

有大而能謙, 必豫. 故受之以豫, 豫必有隨. 故受之以隨, 以喜隨人者, 必有事. 故受之以蠱, 蠱者, 事也, 有事而後, 可大. 故受之以臨, 큰 것을 소유하고도 겸손하면 반드시 즐거울 것이기 때문에 예괘(豫卦)로써 받았고, 즐거우면 반드시 따름이 있기 때문에 수괘(隨卦)로써 받았고, 기쁨으로써 사람을 따르는 자는 반드시 일이 있기 때문에 고괘(蠱卦)로써 받았고, 고(蠱)는 일이니, 일이 있은 뒤에 커질 수 있기 때문에 림괘(臨卦)로써 받았다.

子曰: 質勝文則野, 文勝質則史. 文質彬彬然後君子.

공자가 말씀하였다: 본질이 꾸밈을 이기면 촌스럽고 꾸밈이 본질을 이기면
겉치레만 잘함이니 꾸밈과 본질이 잘 어울려야 군자이다.

19. 徒善不足 (도선부족)
한갓 착한 마음만으로는 부족하다

徒 한갓 도, 善 착할 선, 不 아니 불(부), 足 족할 족

출전: 『맹자』

　제나라 선왕宣王은 맹자에게 춘추시기 제후들의 맏형노릇을 했던 제나라 환공桓公과 진나라 문공文公의 일을 물었다. 당시 패권에 관심이 있었던 까닭이다. 맹자는 공자孔子의 도를 따르는 한 사람으로 패도霸道에 대해서는 들어본 적이 없어 말해줄 수 없고, 오직 왕도王道에 대해서 묻는다면 이야기해주겠다고 하였다. 맹자는 왕도란 백성을 보호해주는 것이며, 제선왕 스스로가 백성을 보호해주고 싶은 착한 마음이 있음을 알려주기 위해 왕이 겪었던 일을 상기시킨다.

　제선왕이 하루는 마당에서 소를 끌고 지나가는 자를 보고 어디로 가고 있는 것인지 물었다. 흔종(釁鍾: 종을 새로 만든 뒤 소의 피를 바르는 의식)의 희생으로 쓸 것이라 답하자 소가 두려움에 떨며 죄 없이 사

지死地에 가는 것을 차마 볼 수 없으니 놔주라고 하였다. 그렇다고 흔
종釁鍾을 폐지할 수 없으니 양羊으로 바꾸어 쓰라고 하였다. 양을 써
서 소를 대신하였다고 하여 '이양역우以羊易牛'라 한다.

이에 대해 백성들 사이에서는 재물을 아끼기 위해 그랬다는 비난이
있었다. 소뿐만 아니라 양 또한 따지고 보면 무고한 생명인데 큰 소 대
신 작은 양으로 희생으로 대신하였으니 재물을 아꼈다는 비난이 그럴
법 하다. 그런데 제선왕은 진정으로 재물을 아낀 것이 아니라 생명이
죄 없이 사지에 벌벌 떨며 가는 것을 차마 볼 수 없기 때문이었다.

맹자는 피상적으로 보기에 모순이 있는 이 행위를 불인지심不忍之心
의 인술仁術로 해소시킨다. 제선왕이 재물을 아끼려 작은 것으로 큰 것
을 바꾼 것以小易大이 아니라 그 당시 두려움에 떨며 지나가는 소는 보
고見牛 양은 보지 못하였기不見羊 때문이라는 것이다. 그런데 이런 착
한 마음善心을 가지고도 제선왕이 선정善政을 베풀지 못함은 어째서
인가?

어진 마음이 있지만 백성들이 그 혜택을 입지 못함은 그 어진 도를 확
충하여 실행하지 않았기 때문이다. 그러므로 한갓 착한 마음으로는 정
치를 할 수 없다徒善不足以爲政고 하였다. 그 착한 마음을 구현할 수
있는 정책적 제도화의 문제가 중요함을 읽을 수 있는 대목이다.

원문: 맹자

齊宣王問曰, 齊桓晉文之事可得聞乎.

제 선왕이 물어 말하기를 "제나라 환공과 진나라의 문공의 일을
얻어 들을 수 있습니까?"

孟子對曰, 仲尼之徒, 無道桓文之事者. 是以, 後世無傳焉, 臣未之
聞也, 無以則王乎.

맹자 대답하여 말하길 "중니의 문도가 제 환공과 진 문공의 일을
이르지 않았습니다. 그래서 후세에 전함이 없어 신이 듣지를 못
했으니 그만두지 아니하면 왕을 하실 것입니다."

曰, 德何如, 則可以王矣. 曰, 保民而王, 莫之能禦也.

말하길 "덕이 어떠하면 왕을 할 수 있습니까?"
말하길 "백성을 보해서 왕이면 능히 막지 못할 것입니다."

曰, 若寡人者, 可以保民乎哉.
曰, 可.
曰, 何由, 知吾可也.
曰, 臣聞之胡齕, 曰王坐於堂上, 有牽牛而過堂下者, 王見之, 曰牛
何之. 對曰將以釁鐘. 王曰舍之, 吾不忍其觳觫若無罪而就死地.
對曰, 然則廢?鐘與. 曰何可廢也. 以羊易之, 不識, 有諸.

말하길 "나와 같은 자도 가히 백성을 보호할 수 있습니까?"

말하길 "가하나이다."

말하길 "어떤 연유로 나도 가하다고 알고 계십니까?"

말하길 "신이 호흘에게 들으니 호흘이 말하길 '왕이 당 위에 앉아 계시거늘 소를 끌고 당 아래 지나던 자가 있거니 왕이 보시고 말씀하시길 「소는 어디에 가는고?」 대답하여 말하길 「장차 종의 틈을 바르려 합니다.」왕이 말하길 「놔주라. 내가 벌벌 떨면서 죄가 없는 것이 죽음의 땅에 나아감을 차마 보지 못하니라.」 대답하여 말하길 「그러면 종 틈 바르는 것을 폐하리잇까?」 인군이 말하길 「어찌 감히 폐하릿고! 염소로써 바꾸라.」고 하셨다.' 고 하니 알지 못하겠나이다. 사실이 있었습니까?"

曰, 有之.

曰, 是心足以王矣. 百姓皆以王爲愛也, 臣固知王之不忍也.

"과연 그런 일이 있었습니다."

말하길 "이 마음이 족히 써 왕을 할 수 있습니다. 백성은 모두 왕으로써 인색하다 하거니와 신은 진실로 왕이 차마 하지 못하는 마음이 있음을 압니다."

王曰然. 誠有百姓者, 齊國雖褊小, 吾何愛一牛. 卽不忍其觳觫若無罪而就死地, 故以羊易之也.

왕이 말하길 "그러하다. 진실로 백성이 있습니다마는 제 나라가 비록 좁고 작으나 내 어찌 한 마리 소를 아끼리오. 그 벌벌 떨면서 무죄한 것이 사지로 나아가는 것을 차마 보지 못하겠으므로 양으로써 바꾼 것입니다."

曰,·王無異於百姓之以王爲愛也. 以小易大, 彼惡知之. 王若隱其無罪而就死地則牛羊, 何擇焉. 王笑曰, 是誠何心哉. 我非愛其財而易之以羊也, 宜乎百姓之謂我愛也.

말하길 "왕은 백성이 왕으로서 인색하다고 하는 것을 괴이하다 마소서 작은 것으로 큰 것을 바꾸었으니 저 어찌 알겠습니까! 왕이 만약에 그 죄 없는 것이 사지에 나아가는 것을 측은히 여겼다면 소와 양을 어찌 택하겠습니까." 왕이 웃으며 말씀하시길 "이 진실로 무슨 마음일런고. 내가 그 재물을 아껴서 양으로써 바꾼 것이 아니건만 마땅히 백성이 나더러 인색하다 이를 것입니다."

曰, 無傷也, 是乃仁術也, 見牛未見羊也. 君子之於禽獸也, 見其生不忍見其死, 聞其聲不忍食其肉, 是以君子遠庖廚也.

말하길 "상하지 말라. 이것이 인을 베풀 수 있는 방법이니 소는 보고 염소는 보지 못했습니다. 군자가 새 짐승에 그 삶을 보고 그 죽음을 차마 보지 못하며 그 죽는 소리를 듣고 차마 그 고기를 먹지 못하니 이로써 군자는 푸줏간을 멀리 합니다."

20. 徒法不能(도법불능)

한갓 제도만으로는 불가능하다

徒 한갓 도, 法 법 법, 不 아니 불, 能 능할 능

출전: 『맹자』

맹자는 한갓 착한 마음으로는 정치를 할 수 없다徒善不足以爲政고 하여 그 착한 마음을 구현할 수 있는 정책적 제도화의 문제가 따르지 않으면 이는 도선徒善에 해당되어 정치를 하기에 부족함을 환기시킨 바 있다.

설령 이루離婁와 같이 눈 밝은 이와 공수자公輸子와 같은 뛰어난 솜씨를 지닌 이가 있다하더라도 둥근 자規와 네모난 자矩를 만들어서 쓰지 않으면 방형方形과 원형圓形을 이룰 수 없는 것과 같다고 하였다.

시스템의 문제가 중요함은 아무리 강조해도 지나치지 않는다. 가장 훌륭한 요순堯舜의 도道를 잘 안다고 하더라도 그것을 제도화하여 구현하지 않으면 천하를 평등하게 다스릴 수 없다는 것이다.

그러나 한편으로는 한갓 제도만으로는 스스로 행해질 수 없다徒法不能自行고 하여 그 제도를 통해 확산시킬 내용인 선심善心이 빠지게 되면 이는 또 도법徒法에 해당되어 어진 정치가 행해지지 않는다는 것이다. 아무리 제도가 잘 정비되어 있어도 그것을 운용할 주체의 선善과 인仁의 문제가 중요하다는 것이다.

공자는 생명을 이어주려는 봄이 지니고 있는 어진 마음繼之者을 선善이라고 하였다. 추운 겨울에 만물을 땅속에 감추고 있다가 봄이 되면 다시 싹을 피워주는 자연의 착한 덕이 인간에게 내재되어 나타나는 것을 인仁이라고 한다. 이 어짊이 곧 착함이다.

그래서 오직 어진 자惟仁者가 높은 자리에 있어야 하는 것이니宜在高位 어질지 못하면서 높은 자리에 있으면不仁而在高位 이것은 여러 사람에게 악함을 전파하는 것播其惡於衆이나 마찬가지라고 하였다. 잘 갖추어진 전국 방송망에 폭력음란물을 전파하는 셈이다. 이렇듯 착한 마음뿐인 도선徒善으로는 부족하고 세련된 제도뿐인 도법徒法으로는 불가능하니 마음과 제도를 온전히 아우르는 선법쌍전善法雙全이 요청된다.

원문: 『맹자』

孟子曰: 離婁之明, 公輸子之巧, 不以規矩, 不能成方員. 師曠之聰, 不以六律, 不能正五音; 堯舜之道, 不以仁政, 不能平治天下.

今有仁心仁聞而民不被其澤, 不可法於後世者, 不行先王之道也. 故曰, 徒善不足以爲政, 徒法不能以自行.

맹자(孟子)가 말하였다. 이루의 밝음과 공수자의 교묘함으로도 규구를 쓰지 않으면 방과 원을 만들지 못하고, 사광의 귀 밝음으로도 육률을 쓰지 않으면 오음을 바로 잡을 수 없으며, 요순의 도로도 어진 정치를 하지 않으면 천하를 화평하게 다스리지 못한다. 지금 어진 마음과 어질다는 소문이 있으면서도 백성들이 그 혜택을 입지 못해 후세에 법도로 삼을 수 없는 것은 선왕의 도를 실행하지 않기 때문이다. 그렇기 때문에 한갓 착한 것만으로는 정치를 하기에 부족하고, 한갓 제도(法度)만으로는 저절로 행해지지 못한다고 하는 것이다.

『맹자』

是以, 惟仁者, 宜在高位, 不仁而在高位, 是播其惡於衆也.

이 때문에 오직 어진 자만이 높은 자리에 있어야 하는 것이니, 어질지 못하면서 높은 자리에 있으면, 그 악함을 대중에게 퍼뜨리는 것이다.

21. 民心無常(민심무상)

국민의 마음은 일정치 않다

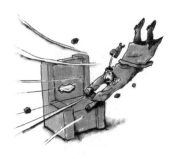

民 백성 민, 心 마음 심, 無 없을 무, 常 항상 상

출전:『서경』

자연계에 춘하추동 사계절의 변화가 있고 따뜻하고溫 덥고熱 서늘하고涼 추운寒 기후가 번갈아 오가듯이 사람의 마음에도 기쁘고 성내고 슬프고 즐거운 희노애락의 감정변화가 있다.

알고 보면 자연과 인간이 피해갈 수 없는 근본적 속성이 변화인데 변화의 다른 이름이 무상無常이다. '모든 것은 변화한다는 사실을 제외하곤 모든 것은 변화한다'는 주장을 인정하게 된다. 그런데 이런 당연한 이치를 쉽게 망각하는 것 또한 인간의 속성인가 보다. 정치의 현장을 보면 쉽게 증명된다.

중국의 역사를 보면 하夏왕조가 지속되다가 말기에 이윤伊尹이 탕湯을 도와 걸桀을 쳐서 망하게 된다. 그렇게 성립된 은殷왕조는 말기에

태공太公이 무왕을 도와 주紂를 쳐서 망하게 되고 주왕조가 들어선다. 이렇게 역사의 흥망이 되풀이되는 이유를 리더십의 측면에서 보면 다름 아닌 무상無常에 대한 망각이다.

이런 생각을 서경에서 말해주고 있다.

"하늘은 각별히 친한 사람이 없어(皇天無親)

오직 덕 있는 사람이면 그를 돕는다(惟德是輔)

백성의 마음도 일정치 아니하여(民心無常)

오직 혜택을 주는 사람이면 그를 따른다(惟惠之懷)!"

동양에서 고대의 정치원리는 민본주의이고 현대의 정치원리는 민주주의이다. 민본民本과 민주民主는 그 의미와 탄생의 배경이 다르긴 하지만 모두 통치자에게 주는 메시지는 '민民'이다. 배를 띄웠던 바다의 물이 배를 엎기도 하듯이 나를 올려놓은 그 백성이 나를 끌어내린다.

원문:『서경』

皇天無親 惟德是輔, 民心無常 惟惠之懷, 爲善不同 同歸于治, 爲惡不同, 同歸于亂, 爾其戒哉.

높으신 하늘은 친한 이가 없어서 이에 덕을 도우시며 백성의 마음은 일정하지 않느니라. 은혜로움늘 생각하나니 선을 행하는 것이 같지 않으나 한가지로 다스리는 데로 돌아가고 악을 행하는 것이 같지 아니하나 한가지로 어지러움으로 돌아가나니 너는 경계할지어다.

22. 剛中而應(강중이응)
강건함이 가운데 있어 호응한다

剛 강할 강, 中 가운데 중, 而 말이을 이, 應 응할 응

출전: 『주역』

주역이란 책의 핵심 주제는 변화變化이다. 외국에서 번역되어있거나
저술된 주역책의 이름이 '변화의 책[The book of change]'인 것을
보면 동양뿐 아니라 서양에서도 그렇게 인식하고 있음을 알 수 있다.
변화는 세상엔 변하지 않는 존재란 없다는 의미에서 '무상無常'을 전
제로 한다. 그래서 삶의 어느 순간에 허무 내지 공허감은 누구에게나
반드시 찾아오게 된다.

그런데 변화에 대한 가장 뛰어난 통찰을 기록한 주역에서는 '무상無
常' 속의 '유상有常'을 이야기 하고 있다. 변화하지 않는 존재는 없지
만 그 변화는 일정한 원리를 수반한다는 의미에서 그렇다. 그리고 그
일정한 원리를 음양陰陽이란 개념을 사용해 체계적으로 구성하여 놓

은 것이 64괘와 384효 및 그에 딸린 경문經文이다.

주역의 핵심인 음양에 대해 공자는 양陽은 강건剛健하고 음陰은 유순柔順한 실체와 덕을 지니고 있다고 보아 '강유剛柔'로 바꾸어 설명하였다. 역의 관점에서 보면 이 강과 유의 상호관계 속에서 삶이 구성된다. 자기가 외부세계와 관계하는 양식을 통칭 '응應'이라 하는데 호응, 대응, 상응 등의 의미이다.

물리력에 원심력과 구심력이란 게 있듯이 한 인간이 삶을 사는데도 그렇다. 밖으로만 관심을 가지고 중심이 서지 않으면 휘청거려 넘어지기 쉽다. 안으로만 집착을 해서 밖을 도외시하면 일체의 관계가 서먹해진다. 이런 현실적인 문제에 도움을 주는 개념이 '강중이응剛中而應'이다. 중심을 강건하게 가지고 세계와의 호응을 잘해야 한다는 개념이다. 하루에도 홍수처럼 쏟아지는 소식들과의 중용을 지키기란 쉽지 않다.

23. 去故取新(거고취신)

옛 것을 버리고 새 것을 취한다.

去 갈 거, 故 옛 고, 取 취할 취, 新 새 신

출전:『주역』

　옛 것과 새 것에 대한 고전의 태도는 일정하지 않다. 논어에는 공자가 말씀하신 온고지신溫故知新이 등장하는데 옛 것을 익혀서 새 것을 안다는 의미이다. 지난 것은 앞으로 올 것의 거울이기에 새로운 것을 알아내기 위해서는 지나간 것을 제대로 통찰해야 한다는 뜻이다. 그러다 보니 아무래도 온고溫故에 힘이 실린다.

　옛 것과 새로운 것에 대한 대응으로 많이 사용하는 말로 '온고지신'과 더불어 '법고창신'이 있다. 법고法故 또는 법고法古는 지난 것에서 일정한 법칙을 얻어내는 것이고, 창신創新은 법고를 통해 새로운 것을 창조하는 일이다. 온고지신과 비교해보면 아무래도 강조점이 창신에 찍힌다. 그러므로 조선후기 실학자인 박지원의 사고를 대표하는 말로 사용되었다.

이들과는 달리 아예 옛것을 버리고 새 것을 취한다는 뜻으로 거고취신이 있다. 주역에 보면 혁革은 옛 것을 제거하는 것去故이고, 정鼎은 새 것을 취하는 것取新이라고 하였다. 혁[䷰]은 혁신적인 변화를 해야 하는 때를 말해주는 괘로 변화의 정도가 양적인 단계를 지나 질적으로 달라져야하는 때이다. 이런 때를 당하면 일반적 변화로는 시대적 요구를 충족할 수 없어 혁신을 해야 한다.

정鼎[䷱]은 솥으로 밥과 요리를 해먹는 도구인데 묵은 찌꺼기를 버리고 새로운 물과 쌀을 넣고 불을 때면 사람에게 가장 소중한 밥으로 바뀌어 나오니, 이보다 더한 변신은 없다고 보아 옛 것을 제거하고 새 것을 취한다고 한 것이다. 비단 밥하는 것 뿐 만 아니라 정치나 문화의 흐름도 이런 때를 만나면 질적인 혁신이 필요하다. 정계政界에도 구태를 씻을 수 있는 참신한 인재들의 출현을 기대해본다.

원문:『주역』

大有, 衆也, 同人, 親也. 革, 去故也, 鼎, 取新也.

대유(大有)는 무리이고, 동인(同人)은 친함이다. 혁(革)은 옛 것을 버림이고, 정(鼎)은 새 것을 취함이다.

24. 先笑後號(선소후호)

먼저는 웃지만 뒤에는 울부짖는다.

先 먼저 선, 笑 웃을 소, 後 뒤 후, 號 부를 호

출전:『주역』

이백李白은 천지와 광음光陰을 가장 크고 영원한 여관과 나그네로 비유하였다. 천지라는 공간은 만물이 머물다 가는 여관天地萬物之逆旅이고, 일월이 만드는 시간은 영원한 나그네光陰百代之過客라고 하였다. 우주의 변화를 광대廣大하고도 장구長久한 나그네의 여정으로 본 것이다. 인간 또한 그 속에서 잠깐 머물다 가는 나그네로 살고 있는데 주역에는 나그네의 일정을 이야기해주는 려괘旅卦[䷷]가 있다.

옛날 나그네는 길을 떠나면 머물 수 있는 여관次이 필요하다. 뿐만 아니라 여행경비에 해당하는 노자資도 필수적이다. 산을 넘어야 할 경우도 있고 낯선 곳을 다녀야 하기 때문에 자기 몸을 지킬 수 있는 도끼斧도 필요했다. 여관을 잡아 머물면 그 지역에 정통한 가이드나 사기꾼

보조해줄 사람童僕도 필요하다. 그리고 이 모든 것은 나그네자격으로 필요했던 것이지 영원한 자기 소유가 아닌 것이다.

그러므로 자신이 나그네라는 신분임을 망각하고 그것들에 집착하는 순간 비극이 찾아오기 시작한다. 그 사실을 깨닫고 후회하며 울부짖는 순간은 이미 한참 늦은 때이다. 이런 비극적 결말을 표현한 말이 바로 선소후호先笑後號인데 새가 둥지를 불태우고 나그네가 먼저는 웃더니 뒤에는 울부짖는 상황으로 묘사하고 있다. 나그네로서 필요했던 것들에만 집착하여 즐기기만 하고 정작 지키고 찾아야할 가치는 소홀히 여겨 흉하다는 것이다.

새 생명이 태어나면 주위에서 모두가 웃으며 축복해준다先笑. 자라나 활동하다 세상을 하직하는 날에는 주위에서 이름을 부르며 곡을 한다後號. 처음엔 웃으며 반기지만 나중엔 울며 보내주는 흔한 풍경은 일생일사(一生一死)하는 우리네 자화상이다. 가끔은 인생은 나그네라는 사실을 떠올리며 사는 것도 괜찮겠다.

원문:『주역』火山旅(화산려 괘)

上九, 鳥焚其巢, 旅人, 先笑後號咷. 喪牛于易, 凶.

상구는 새가 둥지를 불태우니, 나그네[旅人]가 먼저는 웃고 뒤에는 울부짖는다. 소를 쉽게 함에 잃으니, 흉하다.

象曰, 以旅在上, 其義焚也, 喪牛于易, 終莫之聞也.

「상전」에서 말하였다: 나그네로서 위에 있으니 의리상 불타는 것
이고, 소를 쉽게 함에 잃으니 끝내 들어 알지 못하는 것이다.

25. 五里霧中(오리무중)

5리가 안개 속이다

五 다섯 오, 里 마을 리, 霧 안개 무, 中 가운데 중

출전:『후한서』

    일반적인 힘이 아닌 신비한 방술로 믿기 힘든 이적을 일으키는 도술 道術에 관한 관심과 이야기는 예로부터 많다. 지금이야 과학의 힘으로 인공강우를 만들기도 하는 세상이지만 예전엔 인력으로 자연의 기상을 어찌할 수 없었고, 단지 제갈량의 동남풍東南風과 같은 바람을 부르고 비를 내린다는 호풍환우呼風喚雨식의 이야기가 전설로 내려올 뿐이다.

    이와 관련해 후한 때 장해張楷라는 인물의 이야기가 있다. 장해는 성품이 도술을 좋아해서性好道術 5리에 안개를 만들 수 있었다能作五里霧. 임금이 여러 번 능력을 인정해서 등용하려 했지만 병을 핑계로 나가지 않았다. 제자들만 데리고 학문을 강학할 뿐이었다. 인심은 그럴수록 더욱 찾게 되는지 여러 직종의 사람들이 찾아왔지만 세상을 피해 화음산華陰山 기슭으로 낙향하였다. 그럴수록 더욱 더 찾아오는 학생들과 사람들로 붐벼 그곳이 공초시公超市라는 이름을 얻게 되었다고 한다.

그를 찾은 인물 중에 관서關西출신의 배우裴優라는 사람이 있었는데 그도 3리에 안개를 만들 정도의 도술은 부릴 줄 알았다亦能爲三里霧. 배우는 스스로 자기가 장해張楷만 못하다고 여겨서 실력을 키우기 위해 배우고자 찾아갔지만 장해는 그 때마다 피하고 만나주지 않았다고 한다. 배우는 안개를 만드는 방술을 이용해 도적질을 하려 했다고 한다. 장해가 배우에게 오리무五里霧의 방술을 알려주지 않은 것은 장해의 은둔적 성품 때문이기도 하겠지만, 삼리무의 내공으로 안개를 만들어 도적이 되고자 했던 배우裴優가 그 방술을 이용해 좋지 않은 일에 사용할 것을 걱정한 것도 큰 이유일 것이다.

이처럼 오리무五里霧는 장해가 일으킨 5리의 안개에서 나온 말인데, 그 뜻이 확대되어 안개가 짙게 낀 날에는 앞을 분간하기 힘들어 방향을 잡지 못하는 상황을 표현하여 오리무중五里霧中이라 한다.

26. 圍魏求趙(위위구조)

위나라를 포위하여 조나라를 구한다

圍 두를 위, 魏 나라이름 위, 求 구할 구, 趙 나라이름 조

출전: 『36계』

　　춘추전국시대의 전략가인 손빈孫賓과 방연龐涓은 모두 귀곡자의 문하생이었다. 귀곡자는 왕후라는 사람으로 알려져 있는데 지금의 중국 허난성에 속하는 귀곡鬼谷이란 지역에서 가르침을 베풀었던 은자였다. 귀곡자가 추구하였던 것은 신선의 세계였는데 자신을 찾아오는 이들의 재질에 맞게 정치나 군사 등 현실대처능력도 가르쳐주었다.

　　그 인재들 가운데 방연은 귀곡자에게 수년간 병법을 배우고 세상에 써먹고 싶은 마음이 드는 터에 스승에게 가부를 물었다. 그러자 스승은 방연에게 미래를 점단할 꽃을 꺾어오라고 하였다. 방연이 꺾어 온 꽃잎의 개수를 헤아려 앞으로 번영할 시기를 알려주었다. 또 귀곡의 시든 꽃잎을 보고는 시든다는 의미의 委와 귀곡의 귀鬼를 합한 魏자를 들어

향후 활동할 나라가 위나라임을 말해주었다. 그리고는 "양을 만나면 번영하고遇羊而榮 말을 만나면 초췌해진다遇馬而悴"라는 여덟 글자를 남겨주었다. 이 팔자비결 가운데 우마이췌遇馬而悴라는 구절처럼 방연은 마릉馬陵의 전투에서 대패하며 목숨을 잃었다.

방연에게 대패를 기록하게 한 마릉의 전투는 손빈의 작품이었는데, 이때 쓴 전략이 바로 '위위구조'이다. 조나라가 위나라의 침략을 받아 제나라에 구원을 요청할 당시 작전참모였던 손빈은 조나라로 가지 않고 위나라의 심장부를 습격함으로써 위나라를 회군하게 만들었다. 지쳐서 회군하는 위나라를 마릉으로 유인하여 섬멸한 작전이다.

경우에 따라서는 적을 직접 대해서 맞서는 것 보다는 적의 힘을 분산시키는 것이 좋을 때가 있다共敵不如分敵는 원리인데 이것은 易의 음양원리에서 도출 된 것이다. 양은 강건하고 음은 유약한데 강건함을 대적하는 것보다는 유약함을 대적하는 것이 수월하다敵陽不如敵陰)는 원리이다. 36계에서는 이 방법을 승전의 계책 중 하나로 소개하고 있다.

원문: 『36계』

共敵不如分敵, 敵陽不如敵陰.
적을 공격하는 것은 적을 분산시킴만 못하다. 강한 양을 적대하는 것은 약한 음을 적대함만 못하다.

大有, 衆也, 同人, 親也. 革, 去故也, 鼎, 取新也.

대유(大有)는 무리이고, 동인(同人)은 친함이다.
혁(革)은 옛 것을 버림이고, 정(鼎)은 새 것을 취함이다.

27. 各指所之(각지소지)

각기 갈 바를 가리킨다.

各 각기 각, 指 가리킬 지, 所 바 소, 之 갈 지

출전: 『주역』

잎새 하나가 떨어짐에一葉落 천하에 가을이 옴을 안다知天下秋는 말
이 생각나게 하는 시절이 돌아왔다. 요즈음 내 주위의 지인들을 만나보
면 대부분 몸의 기능이 하나 둘 떨어지기 시작한다. 생애주기로 볼 때
가을에 해당하는 연령대에 접어들었음을 부인할 수 없다. 그러면서 한
번쯤 자연스럽게 심각한 철학자가 되어가는 시기이다. 어디에서 와서
어디를 지나고 있으며 어디로 가는가?

여래如來의 법을 기록한 금강경金剛經에는 어디로부터 온 바도 없고
无所從來 어디로 가는 바도 없기에无所從去 이름을 여래라 하였다故
名如來. 단군의 말씀이라고 전해 내려오는 천부경에서도 사람을 포함
한 우주의 만물은 우주의 근원인 하나로부터 시작되었고一始 종국에

는 그 하나로 마치지만—終 정작 그 하나는 시작된 바도 없는 하나이고 无始— 마치는 바도 없는 하나라고无終— 하였다.

이렇듯 근본적 관점에서 볼 때는 가는 바도 없고 오는 바도 없으며 시작된 바도 없고 마치는 바도 없다는 것이 어른들의 말씀이다. 그러나 우리는 나서始 오고 가다가去來 돌아가니終 거래去來도 있고 시종始終도 있다. 이렇듯 현실적으로 작용하는 관점에서 볼 때 과연 지금 어디로 가고 있는 것일까? 그리고 어디로 가야하는 것일까?

공자는 복희씨가 괘를 긋고 문왕이 괘사를 쓰고 주공이 효사를 단 주역의 말씀을 잘 읽어보면 각기 처한 실정대로 갈 바를 일러준다고辭也者各指其所之 하였다. 혼미하고 아득하다는 뜻의 미迷를 보면 갈지之와 쌀 미米로 되어있는데 미米는 팔방八方의 상이다. 팔방八方의 방위 가운데 어디로 갈지 몰라 서성이는 발걸음之이 미迷이다. 공자는 사람들이 미로迷路라고 느껴질 때 주역 읽어보기를 권한 것이다.

원문:『주역』

是故, 列貴賤者, 存乎位, 齊小大者, 存乎卦, 辨吉凶者, 存乎辭,

그러므로 귀천을 벌려놓음은 위(位)에 있고, 소대를 정함은 괘(卦)에 있고, 길흉을 분변함은 사[괘사(卦辭), 효사(爻辭)]에 있고,

憂悔吝者, 存乎介, 震无咎者, 存乎悔,

회린을 근심함은 개(介: 변별)에 있고, 움직여 허물이 없게 함은
뉘우침에 있으니,

是故, 卦有小大, 辭有險易, 辭也者, 各指其所之.

그러므로 괘에는 대소가 있으며, 말에는 험하고 평이함이 있으
니, 말은 각기 그 향하는 바를 가리킨 것이다.

28. 空谷傳聲(공곡전성)

빈 골짜기에 소리가 전해진다

空 빌 공, 谷 골 곡, 傳 전할 전, 聲 소리 성

출전:『천자문』

　내 입장에서는 할 말 다했다 하는데 상대방 입장에서 볼 때 말을 들어도 그 말이 그대로 전해지지 않는다. 그 중요한 이유는 뭘까?

　일명 현대병이 늘어나면서 언젠가부터 건강을 챙기는 일환으로 등산登山을 즐기는 사람들이 늘어나며 여러 산길이 생겼다. 주말이면 산정에 꽉 들어찬 인파로 인해 '야호'라는 소리는 예전보다 준 것 같다. 오랜만에 깊고 높은 산에 올라 소리를 질러보면 반드시 메아리가 퍼져 전해짐을 듣게 된다. 천자문에서 이런 현상을 빈 골짜기에 소리가 전해진다는 공곡전성空谷傳聲이라고 하였다.

　산정에서 소리를 내면 그 소리가 잘 전해지는 원인이 '빈 골짜기'에 있다는 것이다.

사람을 작게 갖추어진 천지天地라는 관점에서 보자면 사람에게 '곡谷'은 마음속을 의미한다고 볼 수 있고 '공空'은 비웠다는 의미이니 공곡은 결국 허심虛心이다. 마음에 다른 뜻이나 욕심을 가득 지니고 말을 하면 그 소리가 잘 전해지지 않는다는 뜻이다. 본심 그대로 허심탄회하게 말을 해야 그 진정성이 전해진다는 의미이다.

주역에서는 이것을 바다를 건너가는 배로 비유하여 이야기한다. 옛적에 나무를 깎아 배와 노를 만들어 대천을 건너갔다. 배에 물건을 가득 싣고 가면 침몰하기 쉽기에 배의 속을 비우고舟虛 건너가야 피안彼岸에 이를 수 있다. 큰 내를 건너 저 언덕에 이르고 싶거든 먼저 꽉 찬 짐을 덜어야 할 것이다.

원문:『천자문』

空谷傳聲 虛堂習聽.

빈 골짜기에 소리가 전해지고 빈집에서 익히고 듣는다.

29. 難事易說 (난사이열)

섬기기는 어렵고 기쁘게 하기는 쉽다

難 어려울 난, 事 섬길 사, 易 쉬울 이, 說 기쁠 열

출전:『논어』

기쁨은 여러 가지가 있는데 기쁘다는 피상적인 감정만을 가지고 말하면 일상에서는 기뻐하기도 하고 불쾌해하기도 한다. 문제는 기쁨의 종류와 내용이다. 공자는 논어 첫 머리에서 공부의 참 맛을 알게 되면 기쁘고學而時習之不亦說乎 서로 격려하며 충고해 줄 친구가 있으면 즐겁고有朋自遠方來不亦樂乎 자발自發하는 내공을 느끼고 알게 되어 남의 평가에 구속되어 일희일비하지 않으면 진정한 지성인이자 사회의 리더자격이 있다人不知而不慍不亦君子乎고 하였다. 이런 종류의 기쁨을 모두가 다 느낄 수 있는 것은 아니기에 논어에서는 소인이 기뻐하는 것과 대비하여 놓았다.

기쁨이라는 감정은 개인적 차원에서 머무르지 않고 사회를 나스리는 지도원리와 직결된다. 논어에서는 기쁨과 관련하여 만약 소인이 리더가 되었을 때 드러나는 모습을 묘사하고 있다. 소인이 리더가 되면 그를 기쁘게 하기는 쉬운데 아첨을 떨며 기분을 상하게 하지 않으면 원칙에 벗어나도 좋아하기 때문이다說之雖不以道說也. 그래서 소인은 기분을 좋게 만들기는 쉽지만 모든 것에 이면이 있듯이 섬기기는 어렵다小人難事而易說也. 소인은 자기가 부리는 사람에게 자기가 원하는 것을 자기 기분을 충족하기 위해 시키기 때문에 자기가 부리는 사람의 형편은 관심이 없다. 타인의 능력 기호 성격 등은 아랑곳없이 그가 나를 위해 만능이 되길 원한다及其使人也求備焉.

소인과 정 반대로 하면 군자인데 군자는 섬기기는 쉬운 반면 기쁘게만 하기는 어렵다君子易事而難說也. 섬기기 쉬운 이유는 자기의 기분에 따라 부리는 것이 아니라 타인의 형편을 깊이 헤아려 그 사람에게 맞는 양질의 임무를 부과하기 때문이다及其使人也器之. 그 이유는 또 기쁘게 하기 어려운 이유도 된다. 자기의 기분에 따라 일을 처리하지 않고 공정한 원칙에 따라 일을 처리하기 때문에 공적인 현장에서는 자기 기분을 띄우는 아첨을 달갑게 여기지 않는다說之不以道不說也.

그런데 인간의 속성상 자기에게 바른 말하는 사람보다 귀에 거슬리지 않는 듣기 좋은 말하는 사람을 좋아하게 되어있다. 역대에 오명을 남긴 군주의 공통점이기도 하다. 무엇을 기뻐할지의 문제는 단순한 기분의 문제가 아니라 그 사람의 사회적 지위에 따라 때로는 영욕의 한 획을 긋는 중요한 역사적 동인이 되기도 한다.

원문:『논어』

子曰: 君子易事而難說也. 說之不以道, 不說也, 及其使人也, 器之. 小人難事而易說也. 說之雖不以道, 說也, 及其使人也, 求備焉.

공자가 말씀하셨다: 군자는 섬기기는 쉬워도 기쁘게 하기는 어렵다. 기쁘게 하는 것을 정도로 하지 않으면 기뻐하지 않으며 사람을 부릴 때는 그릇에 적합하게 한다. 소인은 섬기기는 어려워도 기쁘게 하기는 쉽다. 기쁘게 하는 것을 정도로 하지 않아도 기뻐하며 사람을 부릴 때는 완비됨을 구한다.

30. 杯中蛇影(배중사영)

술잔 속의 뱀 그림자

杯 잔 배, 中 가운데 중, 蛇 뱀 사, 影 그림자 영

출전:『진서』

　진晉나라 때 악광樂廣이라는 사람은 어려서 청수淸秀한 상으로 성정
이 맑고 외모도 깨끗하여 많은 이들이 칭찬하였다. 위나라의 장수 하후
현도 어린 그에게 학문을 권할 정도였다. 그러나 악광은 가난해서 혼자
공부를 하며 실력을 키웠다. 남의 말을 귀담아 듣고 침착하며 단정하고
겸손했다는 사가의 평을 보면 인물이었음에 틀림이 없다. 악광이 관리
로 등용된 후 하남河南을 맡고 있었을 때의 일이다.

　서로 교유하며 자주 왕래하던 객이 나타나지 않음을 깨달은 악광은
이상하게 여기고 그에게 까닭을 물어보았다. 그러자 그는 마지막 만나
서 술자리를 한 날 이야기를 해주었다. 그날 술을 마시려고 보니 술잔
속에 가느다란 실뱀이 들어있었는데 불쾌했지만 말을 하지 않고 마셨

으며 그 후로 몸이 아프고 기분이 늘 불쾌하였다는 것이다.

악광은 이상하다고 생각되어 침착하게 술 마신 날의 광경을 회상해 보았다. 장소는 관청의 방이었는데 객이 앉았던 자리 옆의 벽에 활이 걸려있었고 그 활에는 뱀의 그림이 장식되어있었다는 것이 생각났다. 악광은 가서 확인한 후 다시 한 번 그를 초대하였다. 그리고 그 전처럼 잔에 술을 붓고 물었다.

"또 뱀이 보이십니까?"

"예, 저번처럼 또 보이는군요."

악광은 활을 가리키며 말했다.

"그것은 저 활의 그림자입니다."

이 말을 들은 그는 순간 모든 사실을 깨닫고는 바로 아픈 몸이 나았 다. 이처럼 배중사영杯中蛇影은 술잔 속에 비친 그림자를 실제 존재로 순간적으로 착각함으로 인해 벌어지는 인간번뇌의 무상함을 표현해주 는 말이 되었다. 원효대사의 해골바가지 효과이다.

31. 弗損益之(불손익지)

덜지 않아야 더해주는 것이다

弗 아니 불, 損 덜 손, 益 더할 익, 之 갈 지

출전: 『주역』

기업의 대차대조에 손익損益이 핵심어이듯이 일상을 움직이는 원리에서 빠뜨릴 수 없는 개념이 바로 손익이다. 덜어낸다는 의미의 손損[☶]은 산과 못으로 이루어진 괘이다. 아래에 있는 못의 물이 위에 있는 산으로 덜려서 초목이 자라는데 아래가 덜려 손이다. 더한다는 익益[☴]은 바람과 우레로 이루어진 괘이다. 바람과 우레로 만물을 고무진작시켜 유익하게 한다는 의미이다.

덜고 더는 일은 그 목적이 지나치거나 모자란 것을 지양하면서 최적의 상태를 얻는 데 있다. 밥을 하는데도 그렇고 약을 제조하는데도 그렇다. 똑같은 재료를 가지고 약을 만들어도 약재의 손익을 어떻게 하느냐에 따라 처방의 수준이 달라진다. 사주를 볼 때에도 모자라면 방조幇

助로 더해주고 남으면 억설抑洩로 덜어주는 것이 핵심 원리이다.

물리법칙 가운데 에너지보존의 법칙이 있듯이 더해지는 곳이 있으면 반드시 덜리는 곳이 있으며 덜리는 곳이 있으면 반드시 더해지는 곳이 있기 마련이다. 그런데 주역의 손괘에서는 덜지 말고 더해야 하는 경우를 제시하고 있다. 아무리 때가 덜어내는 때라 하더라도 덜어내서는 안 되는 것이 있다는 의미이다. 그것이 무엇일까?

춘추시대 요리사인 역아易牙는 제나라 환공의 환심을 사기 위해 자기의 어린 아들을 죽여 요리로 만들어 바쳤다. 제나라와 전쟁의 상황을 맡게 된 노나라는 오기吳起를 장군으로 삼으려 하였지만 주위에서는 오기의 아내가 제나라 여자였기 때문에 불가하다고 하였다. 그러자 오기는 자기의 아내를 죽여 등용되었다. 이들은 덜지 말아야 할 것을 덜어내면서 자기의 욕심을 채운 경우이다. 그러므로 주역에서는 가장 중요한 인간의 도리만큼은 덜어내지 말고 지켜야弗損 그것이 세상을 유익하게 하는 것이라고益之 충고한다.

원문: 『주역』

山澤損

九二, 利貞, 征, 凶, 弗損, 益之.

구이는 곧게 함이 이롭고 가면 흉하니, 덜지 말아야 더해주는 것이다.

象曰, 九二利貞, 中以爲志也.

「상전」에 말하였다: '구이는 곧게 함이 이롭다'는 알맞음으로 뜻을 삼은 것이다.

32. 牝馬之貞(빈마지정)

암 말의 곧음이 이롭다

牝 암컷 빈, 馬 말 마, 之 갈지, 貞 곧을 정

출전:『주역』

서기西紀 2014년은 청마靑馬의 해이자 적토마赤免馬의 해이다. 주역에서 말은 소와 대비되는데, 소는 유순한 성질로 곤坤의 땅에 속해있고 말은 강건한 성질로 건乾의 하늘에 속해있다. 쉼 없이 운행하는 천체처럼 말도 강건하게 잘 달린다. 천체가 운행하여 날이 가고 달이 가듯이 말이 달리는 것은 곧 세월의 흐름이다. 장기판에서 말의 날 일日자 행마의 의미이기도 하다.

땅은 하늘과 짝이 되어 만물을 낳고 기르기 때문에 예로부터 '천지를 만물의 부모'라고 하였다. 하늘이 말이라면 땅은 그 말과 짝이 되는 암말인 빈마牝馬이다. 암컷은 새끼를 가지면 나올 때까지 배 속에 품고 있어야 하는데 이때 가장 필요한 덕목이 성고함이다. 역상易象으로 보면 새해 갑오甲午년은 특징이 많은 해인데 빈마牝馬에 해당하는 해이다.

서기 2014의 갑오년의 설날에서 서기 2015의 을미년의 설날까지가 음력으로 1년이다. 갑오년의 설은 갑오년의 입춘 전에 들고 을미년의 설은 을미년의 입춘 후에 든다. 음력 1월 1일부터 이듬해 음력 1월 1일까지 입춘立春이 두 번 들어있어 시속에서는 쌍춘雙春이라고 부르기도 한다. 이것은 갑오년에 9월의 윤달이 들어 음력의 날 수가 늘어나서 생기는 현상이기도 하다.

천자문에 가을엔 거두고 겨울엔 감춘다고 하였듯이 겨울은 생명의 씨앗을 품고 있다가 새 봄을 맞이하는 때이다. 갑오년은 겨울에 봄을 품고 있으니 빈마牝馬가 잉태를 한 형상이다. 말이 하늘을 상징한다면 빈마는 하늘의 덕과 짝하는 군자를 가리키기도 한다. 빈마의 해에는 모두 하늘이 내려준 덕을 정고하게 품고 건강하게 활동하는 해가 되길 기원해본다.

원문:『주역』
坤, 元, 亨, 利, 牝馬之貞.
[정전] 곤은 크고 형통하며 이롭고 암말의 곧음이니,

君子有攸往
[정전] 군자가 갈 바가 있다.

先迷, 後得, 主利.

[정전] 먼저 하면 혼미하고 뒤에 하면 얻을 것이니, 이로움을 주로 한다.

西南, 得朋, 東北, 喪朋, 安貞, 吉.

[정전] 서남에서는 벗을 얻고 동북에서는 벗을 잃을 것이니, 편안하고 곧아서 길하다.

33. 聲聞過情(성문과정)

명성의 소문이 실정보다 지나치다

聲 소리 성, 聞 들을 문, 過 지날 과, 情 뜻 정

출전: 『맹자』

맹자에게 서자(徐子)가 물었다. "공자는 왜 그렇게 물에 대해서 자주 찬미하였습니까?"

맹자는 두 종류의 물을 예로 들어 공자가 물을 찬미한 깊은 뜻을 보여준다. 공자가 찬탄한 물은 저 깊은 근원에서 나와 밤낮으로 하천을 흘러 멈추지 않아 바다에 이르는 물이다.

몇 십 년 만에 여름철 요란하게 뒤덮었던 소나기가 일시적으로 만든 물구덩이 물은 소리는 요란하지만 하루 이틀이면 다시 말라붙을 것이라는 것은 자명한 사실이다. 실제로는 근원이 없는 물로 며칠도 흐르지 못하는 물인데, 근원이 있는 물보다 더한 소리를 내니 이것이 성문과정聲聞過情이라는 것이다. 이 둘의 차이는 바로 근원本의 유무有無이다.

공자의 제자 자장子張이 어느 날 선생님께 통달達한 사람에 대해서 자신이 이해한 바대로 '나라에서 소문이 나고 가정에서 소문이 날 정도면 통달한 사람이 아닙니까' 라고 물었다. 선생님은 그것은 소문聞이지 통달達이 아니라고 하셨다. 통달은 스스로 내부에 갖추어진 덕행이 자연스럽게 밖으로 드러나 타인에게도 미쳐서 믿음이 통하는 것이고, 소문은 겉으로는 덕행을 취하는 것처럼 보이지만 실제로는 덕행이 쌓아지지 않고 소문만 난 것이다. 이 역시 덕행本의 문제이다.

굉장한 산해진미가 잔뜩 차려져있다고 소문이 나서 가보았더니 음식이 기대에 턱없이 못 미치는 경우에 소문난 잔치에 먹을 것 없다고 한다. 맛있는 식당은 자연스레 소문이 나지만 소문난 식당이 맛을 만들어내진 못한다. 그래서 맹자는 성문과정聲聞過情을 군자의 수치라고 하였으니 배달의 나라에 명불허전名不虛傳의 군자들이 나오길 바란다.

원문: 『맹자』

孟子曰, 原泉混混, 不舍晝夜, 盈科而後進, 放乎四海, 有本者如是, 是之取爾.

맹자 말씀하시길 "근원 있는 샘이 혼혼해서 낮과 밤을 그치지 아니하고 구덩이를 채운 뒤에 나아가서 사해에 이르나니 근본이 있는 자 이러하니라. 이 때문에 취하신 것이니라."

苟爲無本, 七八月之間雨集, 溝澮皆盈, 其涸也, 可立而待也, 故聲
聞過情, 君子恥之.

진실로 근본이 없으면 칠팔월 사이에 구름이 모여서 도랑에 모두
차나 그 마르는 것은 가히 서서 기다릴 수 있으니, 그러므로 명성
이 실정에 지나치는 것을 군자가 부끄러워 하니라.

『논어』

子張問: 士何如斯可謂之達矣?

자장이 물었다: 선비가 어느 정도 되어야 통달했다고 할 수 있습
니까?

子曰: 何哉, 爾所謂達者?

공자가 답하였다: 무엇인가, 네가 말하는 통달이?

子張對曰: 在邦必聞, 在家必聞.

자장이 대답하였다: 나라에 있어서도 반드시 소문이 나며 집안에
있어서도 반드시 소문이 나는 것입니다.

子曰: 是聞也, 非達也. 夫達也者, 質直而好義, 察言而觀色, 慮以下
人. 在邦必達, 在家必達. 夫聞也者, 色取仁而行違, 居之不疑. 在
邦必聞, 在家必聞.

공자가 말하였다: 그것은 소문이지 통달이 아니다. 통달은 질박하고 정직하여 의로움을 좋아하며 말을 살피고 낯빛을 관찰하며 사려해서 남에게 낮추는 것이니 나라에 있어서도 반드시 통달하고 집안에 있어서도 반드시 통달한다. 소문이란 낯빛은 어짊을 취하지만 행실은 어기며 이에 머물면서 의심하지 않는 것이니 나라에 있어서도 반드시 소문이 나며 집안에 있어서도 반드시 소문이 난다.

空谷傳聲 虛堂習聽.
빈 골짜기에 소리가 전해지고
빈집에서 익히고 듣는다.

34. 烏飛梨落(오비이락)

까마귀 날자 배 떨어진다

烏 까마귀 오, 飛 날 비, 梨 배 이, 落 떨어질 락

출전: 천태지자 법문

천태종의 개조開祖인 수나라 때 천태대사天台大師, 538~597는 지자대사라고도 불린다. 천태산을 근거지로 삼아 대사는 마음을 통일하고 우주를 관조한다는 지관止觀의 수행법을 중시하였다. 대사가 하루는 지관止觀으로 삼매三昧에 들었는데 멧돼지 한 마리가 앞을 지나간 후 이어서 사냥꾼이 쫓아오면서 돼지를 보지 못했냐고 묻는다. 그러자 대사는 그에게 활을 벗어던지라는 충고를 하면서 그들의 삼생(三生)의 인연을 게송으로 읊었다.

烏飛梨落破蛇頭(오비이락파사두)

蛇變爲猪轉石雉(사변위저전석치)

雉作獵人欲射猪(치작엽인욕사저)
道師爲說解冤結(도사위설해원결)

까마귀가 날자 배가 떨어져 뱀의 머리가 깨졌고
뱀은 죽어서 돼지로 태어나 굴린 돌에 꿩이 치었고
꿩은 죽어서 사냥꾼이 되어 돼지를 쏘려 쫓으니
도사가 원한을 풀려고 설법하도다.

이 시는 천태대사의 해원석결解冤釋結이란 제목의 법문으로 내려오면서 설화 형태로 전해오고 있다. 대사가 입정入定하여 이들의 전생을 보니 까마귀 한 마리가 배나무 가지에 앉아 있다가 날아가는 사이 배가 하나 떨어져서 나무 아래에 있던 뱀의 머리에 맞아 뱀이 죽어버렸다. 뱀은 다시 산돼지가 되어 풀뿌리를 캐먹다가 돌을 굴려 전생에 까마귀였던 알을 품고 있던 꿩을 치어 죽였다. 그 꿩은 다시 사냥꾼이 되어 돼지를 잡으려고 쫓아다니다가 대사의 앞을 지나면서 삼세인연三世因緣의 설법을 듣게 되었다. 그 후 발심하여 그 자리에서 활을 꺾고 도를 닦았다는 이야기이다. 세상살이에는 알고 짓고 모르고 짓는 업이 참으로 많음을 말해주는 고사가 바로 오비이락烏飛梨落이다.

35. 用九无首 (용구무수)
하늘의 도(九)를 씀에 머리가 없다

用 쓸 용, 九 아홉 구, 无 없을 무, 首 머리 수

출전: 『주역』

역에서는 하늘을 순전한 양의 기운으로 여겨 그 수數로 9를 쓰는데 9
는 노양老陽의 수이다. 하늘을 상징하여 순전히 양陽으로 이루어진 건
괘乾卦[☰]는 시간상으로는 맨 처음, 공간적으로는 맨 위라는 뜻이 있
다. 사람이 날 때 머리부터 나오고 인체의 가장 윗부분이 머리이다. 그
래서 하늘을 머리라고 하였고 우두머리라서 옛날 천자天子의 상징이
기도 하다.

그런데 이처럼 머리에 해당하는 하늘을 보고 머리가 없으면无首 좋
다고 하였다.

옛날 후한의 광무제光武帝 유수劉秀가 왕망王莽의 군대를 치고 제위
에 올랐다. 그러자 자신과 어릴 적 함께 뛰놀며 공부한 사이였던 엄광

嚴光이 종적을 감추었다. 광무제가 수소문하여 찾아보니 양가죽 옷을 걸치고 못에서 낚시하고 있었다. 세 번이나 사람을 보내 청한 끝에 조정으로 불러들였다. 회합의 자리에서 엄광은 예전 친구사이처럼 대했고 임금에 대한 예를 갖추지 않았다.

엄광의 이런 태도에 광무제 또한 전혀 개의치 않았다. 둘은 이야기꽃을 피우다 함께 잠이 들었는데 잠버릇대로 광무제의 배 위에 다리를 걸친 채 잤다. 천문을 보고 국사점을 치던 태사가 '객성客星이 임금의 자리御座를 범하였으니 매우 위급합니다' 라고 하니 광무제가 걱정 말라며 빙그레 웃고 말 뿐이었다. 광무제가 벼슬을 내렸지만 엄광은 받지 않고 부춘산富春山으로 들어가 몸을 숨겼으니 엄광이 은둔한 곳의 지명地名을 엄릉산嚴陵山이라 한다. 남명南冥 조식曹植은 이런 엄광의 처세에 성인의 도를 따르려했다고 평가하가도 하였다.

엄광도 엄광이지만 광무제의 도량과 처세도 지금까지 좋게 평가된다. 하늘은 가장 높이 있지만 그 작용은 모두 아래의 땅을 향한다. 해와 달과 별의 빛도 아래를 비추고 구름이 만든 비로써 아래로 생명에게 내린다. 우두머리의 자리란 것도 그렇다. 위에 있어 머리를 뻣뻣하게 들고만 있는 것이 아니라 그 작용은 아래로 아래로 내려야 하니 머리를 쓰는 도를 잘 생각해보라는 주역의 충고이다.

원문: 『주역』

用九, 見羣龍无首, 吉.

[정전] 용구(用九)는 여러 용을 보되 앞장섬이 없으면 길할 것이다.

36. 月之從星(월지종성)

달이 별을 따른다

月 달 월, 之 갈 지, 從 좇을 종, 星 별 성

출전: 『서경』

비가 오고 바람이 부는 기상현상은 일상생활에 지대한 영향을 준다. 비가 올 때 가뭄이 들고 고요해야 할 때 바람이 거세게 불면 여러 가지 문제가 생긴다. 서경에서는 바람이나 비와 같은 기상현상에서 사회의 조짐을 살펴보라는 서징庶徵이라는 주제가 있다. 임금王의 일을 살필 때에는 해歲를 살펴보고 고위층인 경사卿士의 일을 살필 때에는 달月을 살펴보고 일반 벼슬아치인 사윤師尹의 일을 살필 때에는 날日을 살펴보라고 하였다.

해와 달과 날을 살펴 때가 바뀜이 없이 순탄하면歲月日時無易 백곡도 잘 자라고 다스림도 밝고 백성도 밝으며 집안도 편안하지만, 해와 날과 날이 질서를 따르지 않고 바뀌면歲月日時旣易 백곡도 잘 자라지

121

않고 다스림도 어둡고 백성도 미미하며 집안도 편치 못하다고 하였다.
마지막으로 일반 백성을 살필 때에는 별을 살펴보아야庶民惟星 하니,
바람을 좋아하는 별도 있고 비를 갈망하는 별도 있는데, 달이 별을 좇
음으로로月之從星 비도 오고 바람도 분다고卽以風雨 하였다.

연월일시年月日時의 순서대로 세월일성歲月日星을 들어 정치적인
위계를 매기고 조짐을 살펴보라는 이야기이다. 여기에서 달은 고위층
인 경사卿士에 해당하고 수많은 별은 서민庶民에 해당시켰다. 달이 별
을 따라다니며 별들의 욕구를 살피고 충족시켜주듯이 높은 자리에 있
는 임금歲이나 정치인月이나 관료日들도 서민들星의 욕구를 살피고
충족시켜주어야 한다는 이야기이다.

원문:『서경』
曰王省惟歲, 卿士惟月, 師尹惟日.
왕이 살피는 것은 년이고 경사는 월이고 사윤은 날이다.

歲月日, 時無易, 百穀用成, 乂用明, 俊民用章, 家用平康.
해와 달과 날에 때라 바뀜이 없으면 백곡이 이루며 다스림이 밝
으며 준수한 백성이 빛나며 집이 평강할 것이다.

日月歲, 時旣易, 百穀用不成, 乂用昏不明, 俊民用微, 家用不寧.
날과 달과 해에 때가 이미 바뀌면 백곡이 이루지 못하며 다스림
이 어두워 밝지 아니하며 준걸스런 백성이 미미하며 집이 편안치
못할 것이다.

庶民惟星, 星有好風, 星有好雨. 日月之行, 則有冬有夏, 月之從星
則以風雨.
서민은 오직 별이니 별에는 바람을 좋아하는 것도 있으며 별에는
비를 좋아하는 것도 있다. 해와 달이 운행하는 것은 즉 겨울이 있
으며 여름이 있으니 달이 별을 따름으로써 바람이 불고 비도 온다.

37. 有利无用 (유리무용)

있는 것으로 이로움을 삼고 없는 것으로 쓰임을 삼는다

有 있을 유, 利 이로울 리, 无 없을 무, 用 쓸 용

출전: 『노자』

있다는 유有와 없다는 무无는 동양학에서 많이 사용되는 글자이다. 음양陰陽론적 관점에서 보면 이 둘은 각각 양陽과 음陰에 속한다. 양━의 상은 가운데가 꽉 차있어 실實하게 있는 것이고 음--은 가운데가 텅 비어 허虛해서 없는 것이다. 음양의 작용이라는 귀신鬼神을 생사生死로 적용해 보면 '생'은 없다가 있게 되는 신神에 속하는 것이고[自无而有] '사'는 있다가 없어지는 귀鬼에 속하는 것이다[自有而无]. 공자는 죽음의 도리를 묻는 제자의 질문에 태어나는 도리를 알면 죽어가는 도리도 안다고[未知生焉知死] 하셨다.

우주변화를 구성하고 변화를 이끌어가는 음양은 양이냐 음이냐로 다를 뿐 음양은 모두 있는 것이고 필수적으로 있어야만 온전한 우주가 존재하듯 유무도 마찬가지이다. 그래서 노자도 유와 무는 상생의 관계로 보아야함을[有无相生] 역설하였다. 그러면서 현실에서 그 예를 찾아내어 유무의 상생적 관계를 이야기하였다.

그 예로 든 것 가운데 하나가 집室과 문戶이나 창문牖의 관계이다. 집이 없으면 당장 주거를 할 수 없으니 집室이 있어야 주거의 이로움이 있게 된다[有之以爲利]. 그렇지만 문과 창이라는 비어있는 无의 공간이 없다면 사람이 드나들 수 없고 공기나 햇볕도 들어오지 못하니 비어있는 무의 공간이 있으므로 해서 집의 쓰임새가 온전해진다[无之以爲用].

이렇듯 유무를 모두 이용해야 한다는 것[有利无用]은 역의 음양상보적 사유이다. 유무는 우리의 존재나 소유 등과 관련되어 현실 삶에서 매우 중요한 구분 개념이다. 그러나 있음에만 집착하여 있음과 없음을 나누는 경계를 확연히 그어버리게 되면 있음이 없음을 소외시키게 되고 나아가 자신도 고립된다. 현실에서 가끔 없음의 소중함도 볼 줄 알아야 한다.

원문:『노자』

三十輻, 共一轂, 當其無, 有車之用, 延埴以爲器, 當其無, 有器之用, 鑿戶牖以爲室, 當其無, 有室之用, 故, 有之以爲利, 無之以爲用.

삼십 개의 바퀴살이 하나의 바퀴통을 공유하는데, 비어있음으로 인해 수레의 쓰임이 있고, 흙을 빚어 그릇을 만드는데, 비어있음으로 인해 그릇의 쓰임이 있다. 문과 창을 뚫어 집을 만드는데, 비어있음으로 집의 쓰임이 있다. 그러므로 있음(有)으로 이로움을 삼고 비어 있음(無)로 쓰임새를 삼는다.

38. 鷄鳴狗盜(계명구도)

닭의 울음소리와 개의 도둑질

鷄 닭 계, 鳴 울 명, 狗 개 구, 盜 훔칠 도

출전:『사기』

　여러 인물들이 등장하면서 각자의 사상을 주장하였던 춘추전국시대
를 백가쟁명百家爭鳴의 시대라 한다. 부국강병을 꿈꾸던 나라들은 앞
다투어 인재를 발굴하고 등용하려고 하였다. 당시의 귀족에 속하는 사
람들 중에서도 사적인 영역에서 인재들을 불러 모았다. 전국시대에는
제나라 맹상군, 조나라 평원군, 위나라 신릉군, 초나라 춘신군 등이 대
표적이다. 이 중에 지금까지 일반적으로 잘 알려진 사람이 맹상군孟嘗
君 전문田文이다. 당시 그의 식객食客이 3천명이었다고 한다.

　전문田文은 단오端午날인 5월 5일에 태어났다. 기록에 의하면 당시
5월 5일에 태어난 아들은 방을 드나드는 문門 정도 키가 크면 반드시
아비에게 해롭다는 속설이 있어 기르지 말고 자식을 죽이라고 하였다.

전문의 생모는 차마 그럴 수 없어 아비 몰래 키웠다. 어느덧 성장한 후 둘이 마주치게 되고 그 때 아버지인 전영田嬰이 알게 되었다. 아버지가 화를 내자 전문이 아버지에게 말한다.

"사람의 운명이 하늘에 달려있습니까? 아니면 저 문짝에 달려있습니까? 만약 하늘에 달려있다면 아버님은 해로울 것이 없을 것이고 만약 운명이 저 문짝에 달려있다면 저 문짝의 키를 높이면 되지 않겠습니까?"

그 후 아버지는 그 영민함을 알아보고 아들로 인정하였다.

맹상군의 식객 가운데 성대모사를 잘하는 사람과 개의 흉내를 내며 도둑질을 잘하는 사람이 있었다. 하루는 진나라 소양왕의 초청으로 갔다가 빠져나오지 못해 죽을 지경에 처했다. 그 때 동행했던 도둑질 잘하는 식객이 소양왕의 애첩에게 이미 왕에게 준 여우가죽 옷을 훔쳐 뇌물을 줌으로써 도성에서 탈출하였다. 경계인 함곡관函谷關에 이르렀는데 아직 관문을 열 시간에 되지 않아 이번엔 닭 울음소리를 잘 내는 식객이 닭울음소리를 내자 새벽이 된 줄 알고 관문을 지키던 병사가 문을 열어주었다는 이야기가 전해온다. 이것이 계명구도鷄鳴狗盜의 줄거리인데 하찮은 재주라도 기연이 되면 사람의 운명을 바꾸어놓을 수 있다는 의미이다.

원문: 『사기(史記)』

齊湣王二十五年, 複辛使孟嘗君入秦, 昭王即以孟嘗君為秦相. 人
或說秦昭王曰, 孟嘗君賢, 而又齊族也, 今相秦, 必先齊而後秦, 秦
其危矣. 於是秦昭王乃止. 囚孟嘗君, 謀欲殺之. 孟嘗君使人抵昭王
幸姬求解. 幸姬曰, 妾原得君狐白裘. 此時孟嘗君有一狐白裘, 直千
金, 天下無雙, 入秦獻之昭王, 更無他裘. 孟嘗君患之, 遍問客, 莫能
對. 最下坐有能為狗盜者曰, 臣能得狐白裘. 乃夜為狗, 以入秦宮臧
中, 取所獻狐白裘至, 以獻秦王幸姬. 幸姬為言昭王, 昭王釋孟嘗
君. 孟嘗君得出, 即馳去, 更封傳, 變名姓以出關. 夜半至函谷關.
秦昭王後悔出孟嘗君, 求之已去, 即使人馳傳逐之. 孟嘗君至關,
關法雞鳴而出客, 孟嘗君恐追至, 客之居下坐者有能為雞鳴,
而雞齊鳴, 遂發傳出. 出如食頃, 秦追果至關, 已後孟嘗君出, 乃還.

제나라 민왕(齊湣王) 25년에 왕은 결국 맹상군을 다시 진나라로
들어가도록 했다. 진나라 소왕이 맹상군을 즉시 진나라 재상으로
삼으려했지만 어떤 신하가 진나라 소왕에게 말했다. "맹상군은
현명한 인물로 제나라의 왕족인데 만약 그를 진나라 재상으로 삼
으면 반드시 제나라를 먼저 생각하고 진나라를 나중으로 생각할
것입니다. 그러면 진나라는 위태로워집니다."
진나라 소왕은 맹상군을 재상으로 삼으려던 생각을 그만두고, 그
를 가두어놓고 죽일 생각을 했다. 맹산군은 사람을 시켜 소왕이

아끼는 첩에게 가서 풀어 주기를 청하도록 했다. 그러자 소왕의 첩이 말했다. "저는 맹상군이 가지고 있는 여우의 흰 털로 만든 가죽옷(호백구)을 갖고 싶습니다."

이때 맹상군은 호백구 한 벌을 가지고 있었는데, 그 값은 천 금으로 천하에 둘도 없는 것이었다. 그러나 이미 진나라에 들어와서 소왕에게 이미 바쳤기에 또 다른 호백구는 없었다. 맹산군은 고민에 빠져 식객들에게 대책을 물었지만 대답이 없었는데 맨 아랫자리에 앉아 있는 사람 중에 개 흉내를 내어 좀도둑질을 하던 자가 있었는데, 그가 이렇게 말했다. "신이 호백구를 구해 올 수 있습니다."

밤이 되어 개 흉내를 내며 궁궐의 창고로 들어가 백호구를 훔쳐 돌아왔고, 이것을 소왕의 첩에게 바치자 소왕의 첩이 소왕에게 애원하여 소왕은 맹상군을 풀어 주었다. 맹상군은 풀려나자마자 말을 타고 달려가 통행권을 바꾸고 이름과 성을 고치고 한밤중에 관문에 다다랐다. 소왕이 맹상군을 풀어 준 것을 후회하고 군사들에게 맹산군을 뒤쫓게 하였다. 맹상군이 함곡관에 다다랐지만 통행법상 닭이 울어야 관문을 열었기 때문에 맹상군 잡힐까봐 매우 두려워했다. 식객 가운데 맨 뒷자리에 있는 닭 울음소리를 낼 줄 아는 자가 닭소리를 내어 근처 닭들이 울게 되자 통행권을 꺼내들고 관문을 벗어 나왔다. 좀 있다가 진나라 군사들이 왔지만 맹상군이 이미 나간 뒤라서 그들은 돌아갔다.

39. 鼓缶而歌 (고부이가)

말춤을 추며(장구를 두드리며) 노래를 부른다

鼓 두드릴 고, 缶 장구 부, 而 말이을 이, 歌 노래 가

출전: 『주역』

동양의 역학易學에서 사물과 사물의 연관된 의미를 읽어내는 한 방법으로 글자를 깨뜨려본다는 파자破字라는 것이 있다.

세계적 인기를 구가하고 있는 가수 싸이에게는 자신도 모르는 후천 도수가 들어있다. 주역에서 선천에서 후천으로의 변화를 드러내는 상징물이 '장구缶'인데 이 '부缶'를 파자해보면 낮 오午와 뫼 산山으로 나누어진다. 午는 오전午前과 오후午後를 가르는 중심으로 선후천 교체기에 해당한다. 山은 간괘艮卦로 동북 간방艮方인 우리나라를 의미한다.

세계적 차원에서의 선후천변화 징후가 간방艮方인 우리나라에서 나타나는데 그 때는 '장구를 치며 노래를 하라鼓缶而歌'고 하였다. 午는

12지지로 말에 해당하는데 '한국에서의 말춤'缶을 유래 없이 10억 이상의 전 세계인이 유행을 타고 따라하며 노래하는 것은 세계일가世界一家의 지구촌인 후천을 대비하라는 세계적 차원의 집단무의식의 발로이자 지구인들의 자율적 몸짓이다.

원문:『주역』이괘(離卦)

九三, 日昃之離, 不鼓缶而歌, 則大耋之嗟, 凶.

구삼은 기운 해가 걸려 있음이니, 질장구를 두드려 노래하지 않으면 너무 늙었음을 한탄하는 것이므로 흉하다.

40. 困于酒食(곤우주식)

술과 음식 때문에 힘들다

困 곤할 곤, 于 어조사 우, 酒 술 주, 食 먹을 식

출전: 『주역』

습관적으로 내뱉는 '힘들다'는 말은 어찌 보면 우리들 입안에 붙어 있는지도 모른다. 저마다 힘든 일은 있게 마련이지만 그 이유는 다양하다. 오죽하면 추운 겨울이 가고 따뜻한 봄이 오는 호시절에도 춘곤春困이라 했을까! 이래저래 힘들기에 인생은 고해苦海라는 말도 있나 보다. 그런데 주역에 '술과 음식 때문에 힘들다'는 말이 있다.

이 말을 만약 술자리가 업무 후의 일과처럼 되어버린 직장인들이 보면 술자리에 시달리는 자신의 일상을 표현한 것이라고 생각할 것이다. 그러나 직장이 없거나 직장을 잃게 된 사람이 볼 때는 마시고 싶고 먹고 싶은 술과 음식이 없어서 살기 힘들다는 뜻의 생존의 문제로 받아들일 것이다. 송나라 때 주역해실의 내표적 두 학사 가운데 주자朱子는 전자처럼 해석하였고 이천伊川은 후자의 뜻으로 받아들였다.

　이래도 힘들고 저래도 힘드니 결국 너무 지나치게 남아도 힘들고 지나치게 모자라도 힘들다. 그래서 공자는 지나침은 모자람과 같다는 뜻에서 '과유불급過猶不及'이라 하셨다. 나무는 물이 올라야 하므로 물을 필요로 하니 물이 없으면 말라 죽을 수도 있다. 또 물이 너무 많이 공급되면 썩어 없어질 수도 있다. 나무뿐만 아니라 사람도 마찬가지이다.

　주역의 곤괘困卦[䷮]는 못을 상징한 태괘[☱] 아래에 물을 상징한 감괘[☵]가 있는 괘이다. 못위에 물이 있어야 하는데 물이 못 바닥의 아래에 있어 정작 못에 물이 없어 힘든 상황을 상징하였다. 그러므로 곤괘는 일차적으로 너무 넘쳐서 힘들다는 의미보다는 너무 모자라서 힘든 상황이라고 보아야 한다. 요즈음은 먹을 것이 차고 넘쳐서 힘든 시기라고들 하지만 구석구석에는 아직도 먹고 마실 것이 없어서 힘든 형편이 많이 있다.

원문: 『주역』 곤괘(困卦)

九二, 困于酒食, 朱紱方來, 利用亨祀, 征凶无咎.

[정전] 구이는 술과 밥 때문에 어려우나 붉은 슬갑이 바야흐로 오리니, 제사에 쓰는 것이 이롭다. 가면 흉하니 허물할 데가 없다.

[본의] 구이는 술과 밥을 실컷 먹어 노곤하나 붉은 제복(祭服)이

바야흐로 오니 제사 하는 것이 이롭고 가면 흉하나 허물은 없다.

象曰, 困于酒食, 中有慶也.
[정전] 술과 밥 때문에 어려우나 알맞아서 경사가 있을 것이다.
[본의] 술과 밥을 실컷 먹어 노곤하나 알맞아서 경사가 있을 것이다.

歲月日, 時無易, 百穀用成,
乂用明, 俊民用章, 家用平康.
해와 달과 날에 때라 바뀜이 없으면 백곡이 이루며 다스림이 밝으며
준수한 백성이 빛나며 집이 평강할 것이다.

137

41. 九竅三要(구규삼요)

아홉 구멍의 중요한 세 가지

九 아홉 구, 竅 구멍 규, 三 석 삼, 要 중요요 요

출전: 『음부경』

　우리 몸을 보면 여러 형태의 기氣가 내외로 출입하는 구멍이 아홉이 있다. 어머니 뱃속에 있을 적엔 통로인 탯줄을 합해 본래 열이지만 배 밖으로 나와서 탯줄을 끊고 자라 배꼽이 닫히게 되면서 아홉이 된다. 그 중에 얼굴에 이목구비의 칠규七竅가 있고 하체에 전음후음의 이규二竅가 있다.

　주역에서는 하도河圖와 낙서洛書라는 도상이 있는데 하도는 하나에서 열까지의 수로 구성되어있고 낙서는 하나에서 아홉까지의 수로 구성되어있다. 도상圖象에서 하도가 선천先天의 상징이라면 낙서는 후천後天의 상징이다. 인간도 모태에 있을 때가 선천이라면 모태를 벗어나 움직일 때가 후천이다.

선천의 모태에 있을 때에는 전적으로 아이를 품고 있는 어머니의 상태여하에 아이의 모든 운명이 걸려있지만, 후천의 세상에 나오면 자신의 신심身心 여하에 그 인생의 운로運路가 달라진다. 음부경에서는 이런 이치를 사람이 각자 지니고 있는 물욕에 끌려 다니기 쉬운 아홉 가지 구멍 가운데九竅之邪 가장 중요한 세 가지를在乎三要 어떻게 쓰느냐에可以動靜 따라 인생의 화복이 달라질 수 있음을 밝혀놓았다.

삼요란 눈과 귀와 입의 세 구멍을 말한다. 분수에 적절치 않은 것非禮은 보지도 말고勿視 듣지도 말고勿聽 말하지도 말라勿言는 공자의 말씀과 그 맥이 통한다. 아침에 깨면서 눈과 귀와 입 주위를 손으로 만져주며 도인導引했던 고인들의 장수건강법 또한 삼요三要의 이치이다. 간단하게나마 아침에 일어나면서 잠자리에서 해보면 좋을 것이다.

원문:『음부경(陰符經)』

性有巧拙 可以伏藏 九竅之邪 在乎三要 可以動靜.

성품에는 교묘함도 있고 옹졸함도 있으니 가히 숨기고 감춰야하는 것이고, 아홉 구멍의 간사한 것에 3가지 중요한 것이 있으니 가히 움직임과 그침을 잘해야 한다.

火生于木 禍發必剋 奸生于國 時至必潰 知之修鍊 謂之聖人.

불이 나무에서 나와서 재앙이 발하니 반드시 극을 하고(이기고)

간신은 나라에서 나와 때에 이르러 반드시 나라를 무너뜨리니 이러한 기미를 미리 알고 수련하는 사람을 성인이라 한다.

42. 其命維新(기명유신)

그 명(천명)을 오직 새롭게 하라.

其 그 기, 命 목숨 명, 維 오직 유, 新 새 신

출전: 『대학』

동양 고전에 '명命'이라는 글자가 종종 등장한다. 글자도 합할 합合에 병부 절卩로 구성이 되어있어 여합부절如合符節이란 의미가 들어있다. 부절符節이란 둘이 대쪽 둘을 갈라서 명령체계의 신표信標로 나누어 지니고 있다가 필요할 때 맞추어보아서 들어맞으면 그 명령이 행해지는 신표였다. 인간의 수명壽命도 하늘에서 준 일종의 명령으로 인식되었기에 목숨의 의미가 들어있다.

개인의 생애주기에 관한 명령뿐 아니라 한 국가의 흥망주기에 관한 명령 또한 이 명命의 의미이다. 그런데 이 명령은 무조건적으로 항상 보장되거나 일방적인 것이 아니라는데 주목해야 한다. 하늘이 애초에 인간에서 명을 내림에 인간은 그것을 밝은 덕德으로 받았다. 그러므로 천명과 명덕은 일종의 부절符節인 것이다. 그러므로 그 신표가 들어맞지 않으면 더 이상 그 명령체계는 존속될 수 없다.

은나라는 하늘로부터 명을 받았지만 말기에 주紂의 폭정으로 대표되는 실정으로 말미암아 그 명을 잃게 되었다. 노자도 '하늘은 특별히 사사롭게 친한 이가 없어서 늘 선인善人과 더분다'고 하였고 서경에도 황천무친皇天無親이라 하였다. 대학에서는 '천명이란 늘상 보장되는 것이 아니다惟命不于常'라고 하였다.

은나라와는 정 반대로 주나라는 오랜 시절 명맥만 유지되어 흘러왔지만周雖舊邦 문왕文王의 덕이 천명과 부합하여 주나라의 새 기틀을 마련할 정도로 거꾸로 '천명이 새로워졌다其命維新'고 한 것이다. 천명을 받고도 덕을 유지하지 못하여 망한 은나라와 덕을 닦아서 오히려 천명을 새롭게 한 주나라의 상반되는 '은말주초殷末周初'의 역사가 귀감이 된 이유이다. 그러므로 탕湯과 같은 성군聖君도 그 덕을 끊임없이 새롭게 하기 위해서 일신日新을 마음에 새기지 않았겠는가! 천명이 무상한데 하물며 권력이랴!

원문: 『대학』

詩曰 周雖舊邦 其命維新 康誥 曰 作新民 是故 君子 無所不用其極.
시에 이르기를 "주나라가 비록 옛 나라이나 그 명이 오직 새롭다"고 하며, 강고에 이르기를 "새로운 백성을 지으라" 하니 이런 까닭에 군자는 그 극을 쓰지 않음이 없다.

43. 吉凶悔吝(길흉회린)

길하고 흉함과 뉘우치고 인색함

吉 길할 길, 凶 흉할 흉, 悔 뉘우칠 회, 吝 인색할 린

출전:『주역』

인간은 누구든 행복을 원한다. 행복의 추구는 헌법에도 보장 되어 있는 권리이자 인간의 보편적 욕구이다. 행복이란 단어를 주역의 용어로 표현해볼 때 '길吉'이고 그 반대인 불행은 '흉凶'이다. 누구든 길함을 원하지 흉함을 원하는 사람은 없을 것이다. 변화하지 않는 사물은 없듯이 길흉도 시간이 흐름에 따라 서로 바뀐다. 길이 흉으로 흉이 길로 바뀌는 과정적 동기내지 상태가 '회悔'와 '린吝'이다. 易에서는 인간이 겪고 느끼는 상태를 이렇게 네 가지로 규정한다.

역사에서 한 국가가 전성기를 구가하는 시절이 '길吉'이고, 시련을 겪으며 좌절하는 시절이 '흉凶'이고, 좌절을 딛고 재기하는 시절이 '회悔'이고, 전성기를 구가하다 쇠퇴의 길로 접어드는 시절이 '린吝'이다.

역사의 흥망성쇠興亡盛衰가 바로 역의 길흉회린吉凶悔吝이다. 흥興이 길이고 망亡이 흉이며 성盛은 회이고 쇠衰는 린이다. 이 넷은 사물의 상태를 규정하는 틀로 작용하기 때문에 이것을 점占에서의 사상四象 이라고도 한다.

그래서 한 해가 시작하는 입춘立春이면 집집마다 입춘대길立春大吉을 써서 붙여놓았다. 이 말은 모두가 흉凶이 없이 늘 길吉하기를 소원했던 마음씨의 표출이다. 정작 한 해가 저물어가는 때에 보면 그렇게 길吉한 일만 생기진 않는다. 결과적으로 보면 길흉吉凶이 중요하지만 그것에 다다르는 과정인 회린悔吝을 주목해야 한다.

회悔는 뉘우침이자 참회하는 마음으로 흉을 길로 바꾸는 묘약이다. 린吝은 인색함인데 허물을 고치는 일에 인색한 것으로 길을 흉으로 바꾸는 기틀이다. 망했던 나라가 다시 일어나고 전성기를 구가했던 나라가 쇠약해지는 흥망성쇠의 기틀이 이 '회린悔吝'에 있다. 글文이나 말口로만 하는 린吝이 아닌 마음心이 매번每 움직이며 참회悔하는 이유이다.

원문: 『주역』

聖人設卦, 觀象繫辭焉, 而明吉凶,

성인이 괘를 베풀어 상을 보고 말을 달아 길흉을 밝히며,

剛柔相推, 而生變化,

굳셈과 부드러움이 서로 밀어서 변화를 낳으니,

是故, 吉凶者, 失得之象也, 悔吝者, 憂虞之象也.

그러므로 길吉과 흉凶은 잃고 얻는 상이고, 회悔와 린吝은 근심
과 헤아림의 상이다.

44. 老少異糧(노소이량)
늙고 젊음에 따라 음식을 달리 한다

老 늙을 노, 少 젊을 소, 異 다를 이, 糧 양식 량

출전:『천자문』

생명을 연장하는 차원에서 보면 지금은 장수의 시대에 접어들었다. 그냥 살아내는 생존의 문제도 문제이지만 점점 어떻게 하면 건강하고 행복하게 잘 사느냐의 문제가 떠오른다. 건강하면 뭐니 뭐니 해도 육체적 운동, 정신적 기분 그리고 에너지원인 음식이다. 지금은 나이 70세도 정정한 분들이 많지만 예전엔 50세에 진입하면 생체의 구간상 노인의 초기에 접어들었다고 여겼던 모양이다.

맹자에도 나이 "50에는 비단 옷이 아니면 따뜻하지 않고五十非帛不煖, 나이 70에는 고기가 아니면 배부르지 않다七十非肉不飽"고 하였다. 젊은 시절에 비해 나이가 들수록 신체의 기능이 떨어지니 의식衣食에 있어서 노인늘은 상대석으로 보완해술 필요가 있다는 의미일 것이다. 체온과 영양섭취의 문제에 대해 신경을 쓰라는 뜻일 것이다.

이와 관련해서 천자문에 늙고 젊음에 따라 음식을 달리한다는 의미로 노소이량老少異糧이란 문구가 있다. 그런데 좀 더 적극적으로 해석해보면 노소는 남녀노소男女老少이니 모든 사람들이다. 모든 사람들마다 자신의 체질에 따라 알맞은 음식이 다르다異糧는 의미로 해석할 수 있다. 음식이 인체에 끼지는 영향은 절대적인데 옛날부터 전해오길 건강하게 사는 비결 제 1계에는 늘 소식少食이 들어있다.

'소식少食'은 많고 적음의 양적인 의미를 넘어 음식을 조절한다는 질적인 의미가 들어있다. 양은 과하지 않게 먹는 것이 좋다. 남는 것은 질적 문제인데 이와 관련하여 한 번 돌이켜 볼 필요가 있는 것이 '체질과 음식'의 문제이다. 자신의 체질을 자기가 알아보는 가장 간편한 방법은 입에서 당기는 입맛에 있지 않고 해당 음식의 섭취한 후의 배설에 있다. 입구가 아닌 출구의 문제이다.

원문:『천자문』

親戚故舊 老少異糧.

친척과 오래 사귄 벗은 늙고 젊음에 따라 음식을 달리해야 한다.

45. 遯之時義(돈지시의)

물러나는 때와 의미

遯 물러날 돈, 之 갈 지, 時 때 시, 義 뜻 의

출전:『주역』

누구에게나 진퇴進退는 인생의 화두이다. 나가길 좋아하는 사람은 물러나기 힘들어하고 물러나기 좋아하는 사람은 나가기 어려워한다. 나가고 물러가는 것 자체는 가치중립이다. 중요한 것은 시절과 알맞게 부합하는가의 문제와 올바름이라는 가치의 문제이다. 그래서 내가 그동안 만들어낸 업을 살펴서 나가든 물러나든 때에 맞게 올바름을 견지하라고 하였다.

나갈 때 나가는 것도 어렵지만 물러날 때 물러나는 것은 더욱 어렵다.

물러난다는 것은 피한다는 뜻인데 공자는 피해서 물러나는 것에 대해 소인이나, 소인이 정치하는 곳이나, 소인이 득세하는 세월이라는 세 가지 차원에서 말씀하였다. 시절이 소인이 득세하는 난세일 때 현명한

149

이는 그 시절 자체를 피해 은돈한다賢者避世. 다음으로 소인이 정치하는 지역에는 들어가지 않고危邦不入 혼란한 지역에도 살지 않으니 亂邦不居 이것이 지역을 피한다는 것이다其次避地. 이상은 천시天時를 보고 지리地利를 보아 시절을 피하고 지방의 불리함을 피하는 차원이다.

다음으로 그런 시절을 만들고 그런 지방을 다스리는 소인 자체를 피하는 차원이다. 교언영색巧言令色이란 말이 있듯이 소인여부는 말과 용모에서 나타난다. 천자문에 용지약사容止若思하고 언사안정言辭安定이란 말도 있듯이 소인의 용모를 피하고其次避色 소인의 말을 피한다其次避言. 이렇듯 은돈에도 천지인 삼재의 차원이 있다.

그런데 후천적 의미에서 역逆으로 보면 그런 시절을 만들고 그런 지방을 만드는 것은 그런 사람이 있기 때문이다. 그래서 세상을 만드는 정치는 군자가 나가고 소인이 물러나는 문제를 중요하게 제시한다. 그래서 공자는 당시 시절을 피해 숨었던 은돈지사避世之士들에게 사람 피해 다니는 선비避人之士라는 비판도 받게 된 것이다. 그래도 기대할 것은 사람이기에 소인을 멀리 물러나게 하여야遠小人 군자가 나아가는 것이다. 그러므로 역에서 물러나는 때와 그 뜻이 중대하다고遯之時義大矣哉 하였다.

원문:『주역』

象曰, 遯亨, 遯而亨也.

「단전」에서 말하였다: "돈(遯)은 형통하다"란 피하여 형통한 것
이다.

剛當位而應, 與時行也.

굳센 양이 제자리를 당하여 호응함이니, 때에 따라 행한다.

小利貞, 浸而長也.

"조금 바르게 함이 이롭다"란 점점 자라나기 때문이다.

遯之時義, 大矣哉.

돈(遯)의 때와 의(義)가 크구나.

『논어』

子曰: 賢者辟世, 其次辟地, 其次辟色, 其次辟言.

공자가 말씀하셨다: 현인은 그 시절을 피하고 그 다음은 그 나라
를 피하고 그 다음은 그 형색을 피하고 그 다음은 그 말을 피한다.

46. 童蒙求我(동몽구아)

어린아이가 나에게 묻는다

童 아이 동, 蒙 어두울 몽, 求 구할 구, 我 나 아

출전:『주역』

맹자에게 예를 갖추지 않고 부른 왕에게 칭병을 하고 가지 않은 맹자의 이야기가 전해진다. 그 이유로 세 가지 보편적 존귀한 가치三達尊를 들고 있다. 천하에는 공통적으로 인정되는 존귀함이 셋이 있는데天下有達尊三 관작爵一과 연치齒一와 덕망德一이 그것이다. 조정朝廷에서는 관작이 존귀하고 시골마을鄕黨에서는 연치가 존귀하고, 세상을 돕고 사람을 성장시킴에는 덕망이 존귀하다. 이중에 하나를 가졌다고 해서 나머지 둘을 깔보면 안 된다. 당시 왕이 관작이 높다 해서 나머지 덕망과 연치를 깔볼 수는 없다는 것이다.

그런데 당시의 왕들이 자신의 지위만을 믿고 예를 모르고 거만히 군다고 생각하였다. 당시 천하가 확연히 우열을 가리지 못하고 도토리 키

재기로 고만고만한 것도 왕들이 신하에게 배울 생각보다는 신하를 가르치려들기 때문이라고 판단하였다. 그러므로 장차 천하를 도모하고자 하는 인군에겐 반드시 부를 수 없는 신하不召之臣가 있어야 하니, 도모하고자함이 있으면 직접 찾아가就之 그 덕을 높이고 도를 즐길 정도가 되어야 한다고 보았다.

천하를 잘 다스려 후세에 아름다운 이름을 남기려는 자는 반드시 스승이 필요하다고 충고한다. 상나라 탕湯왕에겐 이윤伊尹이 있었기에 힘들이지 않고 왕 노릇 했고, 제나라 환공桓公에겐 관중管仲이 있었기에 힘들이지 않고 패권을 거머쥐었다. 이들의 공통점은 모두 스승으로 섬겨 배운 이후에 군신의 관계를 맺었다.

주역 산수몽괘山水蒙卦에 그 이치를 갈파해 놓았다. 산수몽괘는 관작의 지위로는 높은 왕에 해당하지만 학덕의 차원에서는 제자에 해당하는 동몽童蒙인 5효와 관작의 지위로는 낮은 신하이지만 학덕의 차원에서는 선생에 해당하는 아我인 2효 간의 상응윤리이다.

몽매함을 깨우치기 위한 일은 형통하다. 그런데 원칙이 있다.

"선생인 내가 어린 학생에게 배움을 구하는 것이 아니라匪我求童蒙 어린 학생이 나에게 배움을 구하는 것이다童蒙求我. 처음이자 마지막이란 마음으로 정성과 신뢰를 바탕으로 물어보면 알려주지만初筮告, 두세 번 자꾸 물으면 상호 모독하는 일이 되어再三瀆 일러주지 않으니瀆則不告 바르게 하라."

전사문에 '조정에 앉거든 갈 길을 물어라' 고 좌소문노坐朝問道라 하였듯이 길을 묻는 리더십이 부활할까?

원문: 『주역』

蒙亨, 匪我求童蒙, 童蒙求我. 初筮告, 再三瀆, 瀆則不告. 利貞.

몽(蒙)은 형통하니, 내가 철부지 어린이를 찾음이 아니라, 철부지 어린이가 나를 찾음이다. 처음 점치거든 알려주고 두 번 세 번 점치면 욕되게 하는 것이니, 욕되게 하면 알려주지 않는다. 바르게 함이 이롭다.

『맹자』

天下有達尊三, 爵一, 齒一, 德一. 朝廷莫如爵, 鄕黨莫如齒, 輔世長民莫如德. 惡得有其一, 以慢其二哉. 故將大有爲之君, 必有所不召之臣. 欲有謀焉, 則就之. 其尊德樂道, 不如是不足與有爲也. 故湯之於伊尹, 學焉而後臣之, 故不勞而王. 桓公之於管仲, 學焉而後臣之, 故不勞而霸. 今天下地醜德齊, 莫能相尙, 無他, 好臣其所敎, 而不好臣其所受敎. 湯之於伊尹, 桓公之於管仲, 則不敢召. 管仲且猶不可召, 而況不爲管仲者乎?

천하에는 보편적으로 존귀한 것이 세 가지가 있는데 벼슬과 나이와 덕이다. 조정에서는 벼슬만한 것이 없고 고향에서는 나이만한 것이 없고 세상을 돕고 백성의 어른이 되는 덕만 한 것이 없으니 어찌 그 가운데 하나를 가진 것으로 나머지 둘을 업신여기겠는가?

그러므로 장차 큰 일을 할 임금은 반드시 부르지 못하는 신하가 있어서 도모할 일이 있으면 찾아가야 한다. 덕을 높이고 도를 즐김이 이와 같지 않다면 함께 일할 사람이 없는 것이다. 그러므로 탕 임금은 이윤에게 배운 뒤에 신하로 삼았기에 수고롭지 않고도 왕 노릇 하였고, 환공은 관중에게 배우고 난 뒤에 신하로 삼았기에 수고롭지 않고도 패자가 된 것이다.

지금 천하의 땅이 비등하고 덕이 같아서 서로 격이 높지 못함은 다름이 아니라 가르칠 사람을 신하로 삼기를 좋아하고, 가르침을 받을 사람을 신하로 삼기를 좋아하지 않기 때문이다. 탕 임금은 이윤을, 환공은 관중을 감히 부르지 못하였다. 관중도 오히려 부를 수 없었는데 하물며 관중을 하지 않는 자이야!

子曰: 賢者世, 其次辟地,
其次辟色, 其次辟言.

공자가 말씀하셨다:
현인은 그 시절을 피하고 그 다음은 그 나라를 피하고
그 다음은 그 형색을 피하고 그 다음은 그 말을 피한다.

157

47. 來者可追(내자가추)

미래의 일은 따를 수 있다

올 래, 놈 자, 가할 가, 쫓을 추

출전: 『논어』

　　동진東晉의 은거시인 도연명(陶淵明 · 365~427)이 41세 때 팽택현彭澤縣의 수령이 되었을 때 군郡의 장관이 그에게 의관을 갖추고 배알하라는 지시를 내렸다. 그는 상급 기관의 관리들에게 굽신거려야 하는 현실을 깨닫고 사직하고 집으로 돌아오면서 '돌아가리라歸去來兮!' 라고 외치며 시작되는 귀거래사歸去來辭를 지었다.

　　그 시에서 그동안 마음을 몸의 노예로 삼아 괴롭힌 세월을 슬퍼하고 있을 수만은 없다고 하며 '이미 지난 일은 간할 수 없음을 깨달았고悟已往之不諫 다가올 일은 쫓을 수 있음을 알았다知來者之可追'고 하여 지난 세월을 탓할 수는 없지만 지금이라도 관직을 버리고 은거하는 것이 함이 옳은 선택임을 술회하였다.

이것은 도연명이 논어에 등장한 대표적 은자인 초나라 광인狂人 접여接與가 공자에 대해 충고한 내용에서 인용한 것이다. 논어에는 세상을 피해 지내는 은자들이 등장하는데 대표적 인물인 접여가 수레를 타고 있는 공자 앞을 지나가며 정치에 관여하지 말 것을 노래로 권하였다.

"봉황이여 봉황이여 어찌 덕이 쇠하였는가, 지난 일은 간할 수 없지만往者不可諫 다가올 일은 오히려 따를 수 있으니來者猶可追, 그만둘지어다, 그만둘지어다."

공자가 내려서 함께 이야기를 하려했지만 이미 떠나가고 없었다.

물러날 길이 없는 현실을 등에 지고 살며 하루에도 몇 번을 굽신거리면서도 버텨야하는 현대 직장인들에게 돌아갈 땅과 종복이 있었던 고결한 도연명은 뭐라고 할까! 어찌되었던지 지나간 세월과는 달리 다가올 세월은 선택의 여지가 있다는 것은 분명하다. 미래를 과거의 관성에 묶어 두진 말아야겠다.

원문:『논어』

楚狂接輿歌而過孔子曰, 鳳兮, 鳳兮, 何德之衰. 往者不可諫, 來者猶可追. 已而, 已而, 今之從政者殆而.

초나라 광인 접여가 노랫말을 하며 공자 곁을 지나갔다; 봉황이여, 봉황이여, 어찌 덕이 쇠했는가? 지난 것은 간할 수 없지만 올 것은 오히려 선택할 수 있다. 그만 두어라, 그만 두어라, 지금 정사에 종사하는 자들은 위태롭다.

48. 墨悲絲染(묵비사염)

묵자는 실이 물드는 것을 슬퍼했다.

墨 검을 묵, 悲 슬플 비, 絲 실 사, 染 물들 염

출전: 『천자문』

묵자墨子가 어느 날 실이 물드는 것을 보고 한탄하면서 말했다.

"실이 푸른 물감에 물들면 파래지고 누런 물감에 물들면 누렇게 된다. 물에 들어가는 것도 변하고 그 색 또한 변한다. 다섯 가지 색감에 들어가면 끝내 다섯 가지 색으로 되어버리니 물드는 것에 신중하지 않을 수 없다."

실이 물드는 것을 들어서 인문人文을 이야기 한다. 나라 또한 물드는 것이 다르니 탕 임금은 이윤伊尹에게 물들고, 무왕은 태공太公에게 물들었다. 이런 경우는 마땅함에 물든 예이다. 그러므로 천하에 왕 노릇하면서 인의仁義의 정치를 펼쳤다. 반면에 하나라 걸은 간신인 추치推哆에게 물들고 은나라의 주는 숭후崇侯에게 불늘었다. 이 경우는 부당함에 물든 예이다. 그러므로 망국의 주인이 되었다. 나라만 그런 것이 아니다. 선비도 어진 사람에게 물들면 몸도 편안하고 가정에도 이익이 생기며 이름도 영화롭게 되고 관직도 합리적으로 잘 처리한다. 거만한 사람에게 물들면 몸도 위태롭고 가정도 손해가 생기고 이름은 욕되고 관직을 처리함에도 부당하다.

이 세상의 만물은 모두 음양으로 섞여있기 때문에 文이라 한다[物相雜故曰文]. 하늘에 꾸며있는 것을 천문天文이라 하고 사람 사는 세상의 꾸밈을 인문人文이라 한다. 세상에 나온 이상 물들지染 않고 꾸미지文 않을 수 없다. 그러므로 계사전繫辭傳에 세상이 물들여지고 꾸며지다 보니 그 중에 마땅함도 있고 부당함도 있기에文不當 길흉이 생한다고 하였다故吉凶生焉. 물드는 것이야 어쩔 수 없지만 부당함에 물드는 것을 보고 슬퍼한 묵자의 한탄이 바로 묵비사염墨悲絲染이다.

원문:『천자문』

墨悲絲染하고 詩讚羔羊이라

묵자(墨子)는 실이 물들음을 슬퍼하고 시경(詩經)에서 고양(羔羊)편을 기렸느니라.

『묵자』

子墨子, 見染絲者而歎曰, 染於蒼則蒼, 染於黃則黃, 所入者變, 其色亦變. 五入必而已則其五色矣, 故染不可不愼也. 非獨染絲然也,國亦有染.

묵자(墨子)가 어느 날 실이 물드는 것을 보고 한탄하면서 말했다;
실이 파란 물감에 물들면 파래지고 누런 물감에 물들면 누렇게
된다. 물에 물어가는 것도 변하고 그 색 또한 변한다. 다섯 가지
색감에 들어가면 끝내 다섯 가지 색으로 되어버리니 물드는 것에
신중하지 않을 수 없다. 실만 그런 것이 아니라 나라 또한 마찬가
지이다.

49. 勿忘勿助 (물망물조)
잊지는 말되 조장도 마라

勿 말 물, 忘 잊을 망, 勿 말 물, 助 도울 조

출전: 『맹자』

전국시대 송宋나라에 어떤 이의 이야기이다. 논에 벼의 싹이 자라나지 못함을 안타깝게 여겨서 어느 날 싹을 모조리 뽑아 놓았다 揠苗. 나름대로 키 크기 작업을 해놓은 것이다. 그리고는 집에 돌아와서 피곤한 기색으로 하루 종일 벼의 싹이 자라도록 돕느라 일을 한助長 사실을 식구들에게 말하였다. 그 아들이 가서 확인해보니 벼의 싹은 말라있었다. 싹을 뽑아서 자라도록 도왔다고 하여 이것을 알묘조장揠苗助長이라 한다.

맹자는 호연지기를 기르는 방법에 대해 이 이야기를 꺼내들었다. 어떤 공부든 유익함이 없다 여겨서 아예 돌보지 않는 태도와 억지로 조장하는 양단兩端을 지양止揚하고 중용의 방도를 택해야 한다는 취지이다. 아예 돌보지 않고 버려두게 되면 김을 매지 않는 것과 같아 싹이 자라지 못하니 잊지는 말아야 한다. 그렇다고 급한 마음에 억지로 조장하게 되면 싹을 뽑는 것과 같아 말라버리니 조장도 말아야 한다.

이 이야기는 호연지기를 기르는 방법에만 국한되지 않는다. 공부의 전 영역에 적용될 수 있는 이야기이다. 어떤 화두가 되었든지 마음에는 늘 지니고 있으며 잊지 말되心勿忘 그렇다고 억지로 조장해서는 안 된다勿助長는 것이다.

어떤 어려운 문제에 관심을 갖고 이해해보려 하다가 난관에 부닥치면 곧 포기하고 잊게 되면 김매기를 포기한 것과 같아 결국 그 문제는 풀 수가 없다. 그렇다고 풀리지 않는 문제에 아무리 답을 쑤셔 넣어도 납득이 되지 않을 뿐 아니라 오히려 싹을 뽑는 해로움을 이룬다. 어떤 분야든지 공력의 배양은 하루아침에 이루어지지 않는다. 조장하지는 말되 늘 잊지는 말고, 잊지는 말되 조장하지 말라는 중용적 공부방법론이다.

원문: 『맹자』

必有事焉而勿正, 心勿忘, 勿助長也, 無若宋人然. 宋人, 有閔其苗之不長而揠之者, 芒芒然歸, 謂其人曰今日, 病矣. 予助苗長矣, 其子趨而往視之, 苗則槁矣. 天下之不助苗長者寡矣, 以爲無益而舍之者, 不耘苗者也, 助之長者, 揠苗者也, 非徒無益而又害之.

반드시 일에 종사함이 있어서 기약하지 말아서 마음에 잊지 말며 조장하지 말아서 송나라 사람과 같지 말아야 한다. 송나라 사람이 그 벼 싹이 길지 않음을 민망히 여겨서 뽑은 자가 있더니 미련하게 집으로 돌아가서 그 가족에게 일러 말하기를 "오늘 병이 들리다. 내가 벼 싹이 길게 도왔다." 하니 그 아들이 달려서 가서 보니 벼 싹이 말라 있었다. 천하의 벼 싹에 큼을 돕지 않는 자가 적으니 유익함이 없다 해서 버리는 자는 벼 싹을 김매지 않는 자요 조장하는 자는 벼 싹을 뽑는 자이니 한갓 유익함이 없을 뿐만 아니라 또한 해롭다.

50. 微顯闡幽(미현천유)

은미한 것을 나타내고 그윽한 것을 밝힌다.

微 작을 미, 顯 나타날 현, 闡 밝을 천, 幽 그윽할 유

출전:『주역』

천자문에 우주는 넓고 거칠다는 뜻의 우주홍황宇宙洪荒이란 글이 있다. 우주는 '집 우宇'와 '집 주宙'로 두 개의 집이다. '우宇'는 상하와 사방이라는 공간의 집이고 '주宙'는 고금과 왕래라는 시간의 집이다. 조물주가 두 집을 짓고 살림을 하고 있는 셈이다. 인간은 그 두 집에서 살고 있으며 그 두 집은 서로를 함유하고 있다고 보았다.

공간을 살펴보면 밝은 공간도 있지만 어두운 공간도 있다. 공간에는 똑똑히 귀에 들리고 눈에 보이는 존재들로 가득하지만 너무 작아서 귀에도 들리지 않고 눈에도 보이지 않는 존재도 있다. 균이나 바이러스 같은 은미한 존재들은 분명히 활동하며 생태계에 큰 영향을 미치고 있지만 눈에는 보이지 않는다. 그래서 그것을 잘 보기 위해 현미경顯微鏡

같은 기계를 만들어놓고 들여다본다. 또 캄캄한 밤이란 공간을 잘 보기 위해 빛을 비추어 놓고 밤을 낮처럼 지낸다.

캄캄한 밤이나 미생물은 분명히 존재하거나 활동하는데 그것이 너무 어둡거나 미미해서 인식하기 힘들다. 그래서 어두운 곳은 환하게 밝힌 다闡幽는 말은 이해하기 쉽다. 그런데 미현微顯은 의미야 상통하지만 어법상으로 보면 현미경의 현미顯微와는 다른 표현이다. 작은 것을 크게 확대하는 것이 현미이라면 멀쩡하게 잘 보이는 것인데 그것의 작은 부분까지 보는 것이 바로 미현이다. 미묘하지만 그 차이를 새겨볼 필요는 있다.

밤을 낮처럼 밝혀 놓고 살고 작은 미생물도 공룡처럼 확대해서 보는 시대가 바로 현대의 문명한 사회이다. 그래서 관심은 자꾸만 밝은 낮보다는 보이지 않는 어두움을 탐구하며 잘 보이는 것은 소홀히 하고 잘 보이지 않는 것에 끌린다. 어두운 부분을 밝혀야 하는 것은闡幽 맞다. 그렇지만 그 어두움은 아직 나타나지 않은 작은 것에 있지 않고 눈앞에 크게 드러나 있는 것에서 찾아야 한다微顯는 뜻이다. 정말 미미한 조짐은 눈앞에 펼쳐져있어서 사람들이 그것이 조짐인 줄을 모른다는 뜻이다. 해가 중천에 떠있는 밝은 대낮에 밤에나 볼 수 있는 북두성을 보라는 주역의 말처럼 미미한 조짐은 눈앞에 훤히 나타난 것에서 찾아야 한다는 뜻이다.

원문:『주역』

夫易, 彰往 而察來, 而微顯闡幽, 開而當名, 辨物, 正言, 斷辭, 則
備矣.

역은 간 것을 드러내고 올 것을 살피며, 드러난 것을 은미하게 하
고 그윽한 것을 밝히며, (열어서) 이름에 마땅하게 하며, 사물을
분별하며, 말을 바르게 하며, 말을 결단하니, 갖춘 것이다.

51. 方以類聚(방이유취)

방소에는 무리끼리 모인다

方 모 방, 以 써 이, 類 무리 류, 聚 모을 취

출전:『주역』

주역에서 공자는 천지만물의 선천에서 후천으로의 변화를 유유상종
類類相從의 원리로 풀이해 놓으셨다. 이것은 선천에서의 후천으로의
변화가 보기에는 어느 날 갑자기 뜬금없이 찾아오는 것 같지만, 그 속
내를 알고 보면 합당한 원리가 있다는 뜻이기도 하다.

상하사방이라 하듯이 방方은 다가가는 입장에서 볼 때 곧 향向이다.
向이란 성향性向이자 지향志向이다. 상방上方에는 상향성上向性을 지
닌 무리들이 모여들고 하방下方에는 하향성下向性을 지닌 무리들이
모여든다.

그래서 천자문에도 비늘 달린 류들은 물속에 잠겨있고, 깃 달린 류들

은 하늘에서 날아다닌다고 하여 인잠우상鱗潛羽翔이라 하였고, 시경을 인용한 중용에서도 솔개는 하늘에서 날고 물고기는 연못에서 뛰논다는 연비어약鳶飛魚躍의 자연적 현상을 통해 천지간 유유상종의 원리를 말했다.

나무의 뿌리에 해당하는 근본은 밖으로 드러나 보이는 것이 아니기에 밖으로 나타나는 것을 통해 그 근본을 살필 수밖에 없다. 공자는 그 방법으로 친상親上과 친하親下를 말씀하셨다. 대별하면 저 위 하늘에 뿌리를 두고 있는 무리本乎天者는 상향성上向性을 지녀 친상親上을 하게 마련이고, 이 아래 땅에 뿌리를 두고 있는 무리本乎地者는 하향성下向性을 지녀 친하親下를 하게 마련이라는 의미이다.

그래서 류類라고 하였다. 류類자를 보면 머리 혈頁로 구분하는데 식물의 대표격인 쌀米과 동물의 대표격인 개犬로 나뉜다. 식물은 머리를 땅속에 박고 있어 정靜하고 동물은 머리를 하늘에 들고 있어 동動한다. 천동지정天動地靜으로 동물은 친상親上이니 하늘에 근본한 자이고 식물은 친하親下하니 땅에 근본한 자이다.

그러므로 내가 어느 곳方으로 가야할 지의 후천적 문제보다 내가 어떤 것을 지향向하는 류類인지에 대한 선천적 문제가 선행한다. 유유상종이다.

원전:『주역』

天尊地卑, 乾坤定矣, 卑高以陳, 貴賤位矣, 動靜有常, 剛柔斷矣, 方以類聚, 物以群分, 吉凶生矣, 在天成象, 在地成形, 變化見矣.

하늘은 높고 땅은 낮으니 건과 곤이 정해지고, 낮은 것과 높은 것이 진열되니 귀함과 천함이 자리하고, 동과 정이 떳떳함이 있으니 강과 유가 결단되고, 방향은 유(類)로써 모아지고 사물(事物)은 무리로써 나누어지니 길과 흉이 생기고, 하늘에 있어서는 형상이 이루어지고 땅에 있어서는 형체가 이루어지니 변화가 나타난다.

52. 不俟終日 (불사종일)

날이 마치기를 기다리지 않는다

不 아니 불, 俟 기다릴 사, 終 마칠 종, 日 날 일

출전: 『주역』

한 번 쯤은 치통을 느껴서 치과에 가면 이미 이가 썩어있었던 경험을 해 보았을 것이다. 인간의 감각기관은 우리에게 느낌을 잘 전달해주지만 늘 한 발 늦는 경향이 있다. 춘추시대 편작扁鵲은 젊은 시절 여관의 관리인이었다. 10년 넘게 공경하며 알고 지낸 장상군長桑君이란 기인이 어느 날 편작에게 의술의 비방을 전해준다. 편작은 전수 받은 후 눈을 떠서 명의로 이름을 떨친다.

편작이 춘추시대 오패 중 하나인 제나라 환공桓公의 객사에 묵은 적이 있다. 대략 한 달에 걸쳐 환공을 세 번 만나보고 그때마다 치료를 권유하였으나 환공은 공을 세우기 위해 자기를 속인다고 생각하여 불쾌하게 여겼다. 마지막 환공을 보고는 아무 말이 없자, 환공이 그 까닭은 물었다.

　편작은 병이 살갗이나 혈맥이나 장부에 있을 때는 탕약이나 침 등으로 치료할 수 있었지만 지금은 병이 골수骨髓에 들어 치료할 수 없다고 답하였다. 그 후 환공은 쓸쓸하게 죽어간다. 환공이 뭔가 이상하다는 느낌도 없었지만 병은 이미 골수에 들어있는 것이다. 이처럼 인간의 감각은 중요한 영역에서 믿을만한 게 못된다.

　하루라는 시간을 사건이 진행되는 주기로 놓고 볼 때 하루가 다 가면 일이 진행된 사태는 명확해지겠지만 일의 진행방향을 바꿀 수는 없다. 아침에 해가 떠서 점심에 중천에 걸렸다가 저녁에 저물어 자정엔 캄캄한 밤을 맞는다. 적어도 오전에 낌새를 알아차려야 손을 쓸 수가 있는 것이다. 이런 도리를 『주역』 예괘豫卦에서 날이 마치기를 기다리지 말라고 하였다. 예측豫測과 예방豫防이 없이는 즐겁다는 예豫를 누릴 수 없다는 의미이다.

원전: 『주역』

子曰, 知幾其神乎. 君子上交不諂, 下交不瀆, 其知幾乎. 幾者, 動之微, 吉之先見者也. 君子見幾而作, 不俟終日, 易曰, 介于石, 不終日, 貞吉, 介如石焉, 寧用終日, 斷可識矣. 君子知微知彰知柔知剛, 萬夫之望.

공자가 말하였다: 기미[幾]를 앎이 그 신묘함이로다! 군자가 위와

사귀면서 아첨하지 않으며 아래와 사귀면서 경시하지 않으니, 그 기미를 앎이로다! 기미는 움직임의 은미함으로 길함이 앞서 나타난 것이다. 군자가 기미를 보고 일어나 하루가 마치기를 기다리지 아니하니, 『주역』에 "돌보다 견고하기에 하루를 마치지 않으니 곧고 길하다"고 하니, 견고함이 돌과 같거늘 어찌 하루를 마치겠는가? 결단함을 알 수 있다. 군자가 은미한 것을 알며 드러난 것을 알며, 부드러운 것을 알며 강한 것을 아니, 모든 사람들의 선망이 된다.

夫易, 彰往而察來, 而微顯闡幽,
開而當名, 辨物, 正言, 斷辭, 則備矣.

역은 간 것을 드러내고 올 것을 살피며, 드러난 것을 은미하게 하고 그윽한 것을 밝히며,
(열어서) 이름에 마땅하게 하며, 사물을 분별하며, 말을 바르게 하며,
말을 결단하니, 갖춘 것이다.

53. 朋來无咎 (붕래무구)

벗이 와야만 허물이 없다

朋벗 붕, 來 올 래, 无 없을 무, 咎 허물 구

출전: 『주역』

자녀들이 케이크와 선물을 사달란다. 아직 과문한 탓에 크리스마스를 정할 때 정확히 어떤 근거로 서기로 12월 25일로 정하였는지에 대해서는 알지 못한다. 다만 역법曆法의 원리상 그것이 동지冬至와 관련이 있다는 것만은 분명하다. 이것은 로마에서 태양을 숭상했던 풍습과도 연관된다. 동양이든 서양이든 예나 지금이나 태양계의 왕은 태양이다.

동지冬至를 '밤의 길이가 제일 길고 낮의 길이가 가장 짧은 날'로 정의하는 것은 정태적이다. 역동적으로 정의하려면 '밤의 길이가 극지점에 이르러 다시 낮의 길이가 길어지기 시작하는 첫 날'이라고 해야 한다. 천도운행으로 볼 때 '극즉반極則反'의 음양변화 원리를 볼 수 있는 두 지점이 하지와 동지인데, 하지는 양극반음陽極反陰이고 동지는 음극반양陰極反陽의 지점이다.

　동지의 기상을 보여주는 괘가 복復괘[▦]인데 음양이 반복反復가운데 양陽이 다시 돌아왔다는 의미를 지니고 있다. 태양의 볕인 양陽은 생명력의 원천이자 밝은 마음의 상징이다. 주역에서는 처음으로 회생한 양陽을 잘 보존하여 성장시키라는 의미로 같은 부류인 벗들이 찾아와야만 한다고 하였다.

　예수의 경우는 그 탄생을 축하하러 동방의 박사 셋이 찾아왔으며 해마다 계속해서 세계의 많은 이들이 기념하고 축하하고 있다. 어릴 적 할머니와 어머니는 동짓날이 되면 팥죽이나 팥떡을 해서 집안 여기저기에 놓고는 치성致誠을 드리셨다. 우리의 오랜 미풍양속을 기리고 찾아주는 벗들이 찾아와야 허물이 없을 것이다.

원문:『주역』

復, 亨, 出入无疾, 朋來无咎.

[정전] 복은 형통하여 나가고 들어옴에 병이 없지만 벗이 와야 허물이 없을 것이다.

54. 非禮勿視(비례물시)

예가 아니면 보지 말라.

非 아닐 비, 禮 예도 예, 勿 말 물, 視 볼 시

출전:『논어』

고전의 글 가운데 유학 경전의 글은 그 글마다 강조하는 주제가 있다. 논어에서 강조하는 주제가 어질다는 인仁인데 그것과는 반비례해서 공자는 인仁에 대해서 쉽게 허락하지 않았다. 어느 날 공자의 수제자인 안자顔子가 선생님께 인仁을 묻자 '극기복례克己復禮'로 답한다. 다소 추상적인 말씀인지라 안자가 구체적인 실천방법을 다시 묻자, '~을 하지 말라'는 용법으로 네 가지를 거론하였다. 보고, 듣고, 말하고, 움직이는 시청언동視聽言動을 예에 맞지 않으면 하지 말라는 '사물四勿'이다. 이렇게 보면 딱딱한 윤리론이다.

이 윤리론을 생리론으로 연결시켜 인간의 현실적 욕구를 촉발시킨 이론이 있으니 바로 동무 이제마의 사상의학이다. 사상 중에 소양少陽

의 메커니즘을 예로 들어본다. 사람이 음식을 섭취하면 위胃에 들어가는데 음식 중 열기熱氣가 가슴의 것에 해당하는 기름진 에너지의 바다라는 고해膏海에 들어간다. 이 고해膏海에 차있는 기운 중 맑은 기운이 눈으로 들어가 기氣로 변화하여 사람의 등골에 저장된다.

그런데 이때 중요한 것이 있다. 음식이 내재하고 있던 기운이 눈으로 들어가 자동적으로 좋은 기氣라는 에너지로 변화하지는 않는다는 점이다. 이때 기氣가 지닌 양질의 수준 여하는 눈의 작용인 '보는 것視'에 의존한다. 무엇을 보느냐에 따라 나의 에너지의 등급이 결정된다는 의미이다.

견물생심見物生心이란 말도 있듯이 사람이 무엇을 보면서 사느냐는 중요한 문제이다. 예에 합당한 경관을 보면서 살아갈 수 있는 인문환경이 중요하다는 것일 텐데 그래서 맹모삼천지교孟母三遷之敎란 말도 나오게 된 것이다. 그런데 현대인들을 둘러싼 환경이 그다지 우호적이지 않은 것이 현실이다. 그러므로 하루에 단 몇 분이라도 나의 건강을 위해 선량한 마음의 소리를 듣는 내관內觀이 필요하다는 것이 동무東武의 생각이었다.

원전:『논어』

顔淵問仁. 子曰; 克己復禮爲仁. 一日克己復禮, 天下歸仁焉. 爲仁由己, 而由人乎哉.

181

顔淵曰; 請問其目.

子曰; 非禮勿視, 非禮勿聽, 非禮勿言, 非禮勿動. 顔淵曰: 回雖不敏, 請事斯語矣.

안연(顔淵)이 인(仁)에 대해 물으니, 공자가 말씀하셨다: 자기를 극복하고 예(禮)를 회복하는 것이 인이다. 하루에 자기를 극복하고 예(禮)를 회복한다면 천하가 인(仁)으로 돌아갈 것이다. 인(仁)을 행함이 자기로부터 말미암는 것이지 남으로부터 말미암겠느냐?

안연(顔淵)이 말하였다: 청컨대 그 조목을 묻습니다.

공자가 말씀하셨다: 예(禮)가 아니면 보지 말고, 예(禮)가 아니면 듣지 말고, 예(禮)가 아니면 말하지 말고, 예(禮)가 아니면 움직이지 말라.

안연(顔淵)이 말하였다: 제가 불민하지만 이 말씀을 따라 힘쓰겠습니다.

55. 四大五常 (사대오상)
네 가지 큰 것과 다섯 가지 떳떳한 것

四 넉 사, 大 큰 대, 五 다섯 오, 常 떠떳 상

출전: 『천자문』

　요즈음 동양고전에 관한 관심이 많아지면서 고전에 다가가는 방법
또한 다양하다. 대부분의 경우 삶을 윤택하게 할 수 있는 지혜와 교양
의 차원에서 다가가는 경우가 많은 것 같다. 그러다 보니 어떤 책을 보
는 것이 좋은가를 궁금해 하게 되는 것 같다. 이에 대해 대산大山 선생
님은 한자로 구성된 한문은 뜻글이기 때문에 어떤 책이 되었든 한 가지
라도 똑바로 아는 것이 중요하다고 말씀하신 적이 있다.

　이 주장의 맥락을 천자문을 통해 확인할 수 있다. 옛날 6살짜리들이
배운 글이라고만 여겼던 천자문에 '대개 이 몸과 터럭蓋此身髮은 네
가지 큰 것과 다섯 가지 떳떳한 것四大五常이 있다'는 문구가 있다. 사
람이라면 몸과 몸에 있는 터럭엔 네 가지 큰 것이 있고 또 다섯 가지 떳

떳함이 있다는 말이다. 네 가지 큰 것은 팔과 다리의 사지四肢이고, 다섯 가지 떳떳함은 모貌, 언言, 시視, 청聽, 사思로 사람의 모양, 말, 보는 것, 듣는 것, 생각하는 것이다.

이 천자문의 문구는 논어의 핵심주제인 인仁과 관련해 등장하는 공자(孔子)와 그 수제자였던 안회와의 주제였던 극기복례克己復禮의 네 조목인 례禮가 아니면 보지 말고勿視, 듣지 말고勿聽, 말하지 말고勿言, 움직이지 않는다勿動는 부분과 상통한다. 천자문의 모貌, 언言, 시視, 청聽은 그대로 논어의 동動, 언言, 시視, 청聽의 문제이고 그것을 주장하는 것이 생각의 사思이다. 고전에 담긴 삶을 관통하는 원리는 크게 다르지 않다.

원전:『천자문』

蓋此身髮, 四大五常, 恭惟鞠養, 豈敢毁傷.

대개 이 몸과 터럭은 네 가지 큰 것과 다섯 가지 떳떳한 것이 있으니 공순히 치고 기른 것을 생각하면(惟) 어찌 감히 헐고 상하리오.

56. 仕止久速(사지구속)

때에 맞추어 벼슬하고 그치고 오래하고 빠르게 한다

仕 벼슬할 사, 止 그칠 지, 久 오랠 구, 速 빠를 속

출전: 『맹자』

처세 가운데 진퇴의 문제는 지금도 쉽지 않다. 여러 분야의 진퇴가 있지만 국운을 좌우할 수 있는 높은 자리에 관한 진퇴의 유형에 관해 맹자는 네 성인을 평하고 있다. 네 성인은 바로 백이伯夷, 이윤伊尹, 유하혜柳下惠, 공자孔子이다.

은殷 나라의 주紂를 베고 주周 나라를 세운 무왕武王의 행위에 대해 '신하의 신분으로 인군을 쳤다'는 이신벌군以臣伐君의 명분을 들어 주나라 곡식을 먹지 않는다고 하며 수양산으로 떠난 인물인 백이伯夷를 맹자는 맑음淸을 추구한 류라고 평하였다.

천자문에도 '반계이윤磻溪伊尹'이라고 등장하는 이윤伊尹은 백이와는 달리 치세에도 나가고治亦進 난세에도 나가야 한다亂亦進는 진퇴관을 지니고 있었다. 그에게 진퇴의 기준은 '治亂'이 아닌 천하를 맡겠다는 자신의 책임의식이었다. 그래서 맹자는 이윤伊尹을 천하를 스스로의 책임任으로 맡고자 한 류라고 평하였다.

유하혜柳下惠는 더러운 인군을 섬김도 부끄러워하지 않고不羞汚君, 작은 벼슬을 사양하지 않았으며不辭小官, 향인鄕人들과 함께 거해도 차마 떠나지 못하면서도 '너고 나는 나이다'라고 하였다. 이런 유하혜를 맹자는 조화和를 추구한 류라고 평하였다.

이에 비해 공자는 벼슬할만하면 벼슬하고可以仕則仕 그만둘만 하면 그만두고可以止則止 오래할만 하면 오래하고可以久則久 빨리 떠날만 하면 빨리 떠났다可以速則速. 이런 공자에 대해 맹자는 시중時을 도를 펼친 성인으로 평하였다. 평범한 사람이 쉽게 성인이 되는 것은 아니지만 淸, 任, 和, 時라는 네 가지 유형을 생각해보면 진퇴의 처세에 도움이 있을 것이다.

원문: 『맹자』

曰伯夷伊尹何如. 曰不同道, 非其君不事, 非其民不使, 治則進亂則退, 伯夷也, 何事非君, 何使非民, 治亦進亂亦進, 伊尹也, 可以仕則仕, 可以止則止, 可以久則久, 可以速則速, 孔子也, 皆古聖人也. 吾未能有行焉, 乃所願則學孔子也.

가로대 "백이와 이윤은 어떠합니까?"

말씀하시길, "도가 같지 아니하니 그 인군이 아니면 섬기지 아니하며 그 백성이 아니면 부리지 아니하여 나라가 다스려질 만한 하면 나아가고 어지러우면 물러가는 것은 백이요 어떤 이를 섬긴들 인군이 아니며 누구를 부린들 백성이 아니리요 하면서 다스려져도 나아가며 어지러워도 나가는 이는 이윤이요! 가히 벼슬할만한 하면 벼슬하며 가히 머무를 만하면 머무르면 가히 오래할 만하면 오래하며 가히 빨리 물러날 만 하면 빨리하는 이는 공자시니 모두 옛 성인이라. 내가 능히 행하지는 못하거니와 이에 원하는 바는 공자를 배우려 함이다."

57. 蛇脫故皮 (사탈고피)

뱀이 옛 허물을 벗는다.

蛇 뱀 사, 脫 벗을 탈, 故 옛 고, 皮 가죽 피

출전 : 『법구경』

세월유수歲月流水라 하듯이 어느덧 또 날이 샜다. 새해는 새해의 일이 있게 되는데, 2013년 새해는 간지干支로 보면 계사癸巳로 뱀띠의 해이다. 새해가 되면 누구든 새 희망과 소원을 빌어본다. 소원을 성취하기 위한 중요한 요인이 있겠지만 필수적 요인은 배움이다. 알고 보면 누구든 평생이 배움의 과정이다.

『논어』의 첫 글자가 배울 학學으로 시작하는 것만 봐도 짐작할 수 있듯이 동아시아 문화의 전통은 배움의 문화이다. 그래서 예부터 한결같이 '봄에 밭 갈지 않으면春不耕 가을에 거둘 수 없다秋不收' 하고, '소년은 늙기 쉬우나 배움은 이루기 어려우니少年易老學難成 시간을 아껴서 청춘시절을 보내라一寸光陰不可輕' 이라 하였다.

불가佛家의 『법구경法句經』 교학품敎學品에 보면 공부의 성숙한 경지를 뱀의 자기변화로 비유하였다. 배워서 능히 세 가지 악함을 버림은 學能捨三惡 약을 써서 여러 가지 독을 소멸하는 것과 같고以藥消衆毒, 굳건한 장부가 생사를 건넘은健夫度生死 마치 뱀이 옛 허물을 벗는 것과 같다如蛇脫故皮.

생사를 건널 정도의 공부는 아니라 하더라도 새해를 무사히 잘 건널 정도의 공부는 필요하다. 황금빛 매미가 껍질을 벗듯이金蟬脫殼, 뱀이 옛 허물을 벗듯이蛇脫故皮 새해에는 새해에 걸 맞는 새로운 자기혁신의 공부가 있었으면 하고 스스로에게 바래본다.

원전:『법구경』
學能捨三惡, 以藥消衆毒, 健夫度生死, 如蛇脫故皮.
배워서 능히 세 가지 악함을 버림은 약을 써서 여러 가지 독을 소멸하는 것과 같고, 굳건한 장부가 생사를 건넘은 마치 뱀이 옛 허물을 벗는 것과 같다.

58. 散慮逍遙(산려소요)

쓸데없는 생각을 흩어버리고 노닐며 걷는다

散 흩어질 산, 慮 생각 려, 逍 거닐 소, 遙 거닐 요

출전:『천자문』

　　고대 그리스의 철학자로 플라톤의 제자이자 알렉산더 대왕의 사부였던 아리스토텔레스의 학파를 소요학파逍遙學派라고 부른다. 슬슬 산책을 하면서 강론하였다는 의미에서 페리파토스(Peripatos, 산책길) 학파라고도 한다. 동양에서 저명한 도가 철학자인 장자莊子의 철학을 설명하는 글인 '장자'에도 소요유逍遙遊편이 들어있다.

　　북명北冥에 사는 물고기인 곤鯤은 그 크기가 몇 천리나 되는데 변화하여 새가 되면 붕鵬이 된다. 이 붕이 한 번 날개를 펼치면 구만리를 날아 남명南冥에 이른다. 여기에서 붕鵬은 일체의 속박에서 벗어나 자유롭게 노니는 정신세계의 상징물이다. 소요학파逍遙學派의 소요가 사색을 하기 위한 것이었다면 장자의 소요는 그 자체가 지인至人이 도달한 자유의 경지이다.

천자문의 산려소요散慮逍遙로 둘을 비교해보면 장자는 산려散慮를 해야 소요逍遙할 수 있고, 아리스토텔레스는 소요逍遙를 해야 산려散慮가 된다는 차이가 있다. 소요가 장자에게는 도달점이고 소요학파에게는 과정이다.

요즈음 인문학 특강이 유행하는 것을 보면 다분히 소요학파적 발상이다. 개별분야에서 창의의 발동이라는 인문학의 역할을 기대하는 것 같은데 그 또한 반가운 일이다. 가끔 마주한 현실이 복잡하고 심란하게 느껴질 때 그런 산란한 마음을 흩어버리는 산려散慮의 과정이 필수적이다. 산려散慮를 하려면 가끔씩 노닐며 걸어야 좋단다.

蓋此身髮, 四大五常, 恭惟鞠養, 豈敢毀傷.

대개 이 몸과 터럭은 네 가지 큰 것과 다섯 가지 떳떳한 것이 있으니
공순히 치고 기른 것을 생각하면(惟) 어찌 감히 헐고 상하리오.

193

59. 上逆下順(상역하순)

위로 올라감은 거스름이고 아래로 내려옴은 순함이다.

上 위 상, 逆 거스릴 역, 下 아래 하, 順 순할 순

출전:『주역』

장마철에 지나치게 범람하는 비는 골치가 아프지만 비가 내리지 않으면 만물의 활동이 불가능하다. 기후의 변화에서 기압을 이야기할 때 주위보다 기압이 높으면 고기압이고 주위보다 기압이 낮으면 저기압이라 한다. 고기압은 중심에서 바람이 불어나가고 저기압은 중심으로 바람이 불어 들어온다. 음양이 화합하여 내린다는 비는 고기압이 아닌 저기압의 경우가 유리하다.

새의 경우도 알에서 부화되어 세상에 나오면 자꾸 날갯짓을 하면서 나는 것을 익히는데 그것을 '습習'이라 한다. 그래서 세상에 나오자마자 대번에 높이 위로만 날 생각 말고 아래에서 놀면서 서서히 익혀나가야 순리에 맞는다. 기후나 동물 뿐 아니라 사람도 그렇다. 현대 성인병

중에 대표적인 고혈압이 그렇다. 지나치게 높으면 인체의 정상적인 활동에 거슬리니 혈압이 내려가야 건강한 신체활동을 유지할 수 있다. 주역에서 이런 도리를 조금씩 지나간다는 의미의 소과小過괘[䷽]에 '상역하순上逆下順'이라고 밝혀놓았다.

역逆이란 글자를 보면 풀屮이 위로 자라나는 辶 모양으로 상향上向에 대한 의지를 지니고 있다. 순順은 아래로 흐르는 물川을 생각頁해보면 답이 나온다. 이렇듯 공간적 풍경으로 본 '상역하순上逆下順'의 이치가 엄연한데 인간은 위만 바라보고 산다. 단번에 더 높이 오르려 하고 더 많이 가지려고만 한다. 오르는 것이나 소유하는 것도 소과小過의 방법이라야 탈이 없다.

맹자孟子는 이 상순하역上逆下順을 순천順天과 역천逆天이라는 인간의 당위적 윤리로 사용하였다. 물이 흐르듯이 아래로 아래로 겸손하게 천명을 받드는 자는 하늘이 살려주고, 깃도 성치 않은 어린 새가 위로 위로 욕심만 가지고 하늘을 거슬려 오르려 하면 하늘이 떨어뜨린다. 마음을 내리면 좋을 것이다宜下大吉.

원문:『주역』

象曰, 小過, 小者過而亨也, 過以利貞, 與時行也. 柔得中, 是以小事吉也. 剛失位而不中, 是以不可大事也. 有飛鳥之象焉. 飛鳥遺之音不宜上宜下大吉, 上逆而下順也.

「단전」에서 말하였다: 소과(小過)는 작은 일이 과(過)하여 형통한 것이니, 과(過)하게 하되 곧음이 이로움은 때에 따라 행하는 것이다. 부드러운 음이 알맞음을 얻은 까닭에 작은 일이 길한 것이다. 굳센 양이 지위를 잃고 알맞지 못하기 때문에 큰 일은 불가(不可)한 것이다. 나는 새의 상이 있다. 나는 새가 소리를 남김에 올라감은 마땅하지 않고 내려옴이 마땅하듯이 하면 크게 길한 것은 올라감은 거스르고 내려옴은 순하기 때문이다.

60. 生於憂患 (생어우환)

근심하고 걱정하는 속에 삶(사는 길)이 있다

生 날 생, 於 어조사 어, 憂 근심 우, 患 근심 환

출전:『맹자』

　누구든 이 한 몸을 사는 날까지 어찌해야 잘 끌고 가는 것인지의 고민을 해볼 것이다. 이 몸을 끌고 가는 주인이 마음이니 잘 다스려라 하여도 그 마음이란 것이 보이지 않기에 더욱 어려운 문제이다. 그런 탓에 현실에서 부닥치는 여러 어려운 일을 겪어낼라 치면 어찌할 줄 몰라 방황하기도 한다. 때로는 몸을 허공에 날려버렸다는 뉴스도 접하게 된다.

　마음은 그렇다 쳐도 마음의 작용이라 할 수 있는 감정에 대해서는 대부분 실감하고 있다. 옛 글에서는 대별해서 기쁘고 즐거운 감정과 슬프고 성내는 감정이라 하였다. 감정은 현실에 대응하여 생긴다는 점에 착안하면 이는 곧 편안하고 즐거운 상황과 근심되고 걱정되는 상황이다. 근심걱정 없이 편안하고 즐거운 삶을 바라는 것이 인간이 욕구하는 것일 텐데 막상 그것이 너무도 채워지지 않는다는 생각이 들 때 좌절하거나 포기하게 된다.

그런데 맹자는 안락함은 도리어 사망에 이르는 지름길이며死於安樂, 우환이야말로 살아나는 과정임을生於憂患 알아야 한다고 일깨워준다. 이 말은 안락을 부정하고 우환을 끼고 살라는 말이 아닐 것이다. 밤이 있어 그 밤을 지내야 낮이 찾아올 수 있듯이, 다만 그 우환이란 것을 마주해서 극복한 안락이라야 진정한 안락이라는 뜻이다.

명심보감에 '편안함은 수고로움에서 생겨나야 늘 아름답게 누릴 수 있고逸生於勞而常休, 즐거움은 근심에서 생겨나야 물리지 않는다樂生於憂而無厭' 한 것이 바로 그 뜻이다. 중생들에게 근심이 없고 걱정이 없으면 그곳은 더 이상 사바세계가 아니다! 정도의 차이는 있지만 인간이라면 누구나 지니게 되는 근심과 걱정에 지나치게 쏠려서 푹 빠지지 않았으면 한다.

원문: 『맹자』

孟子曰, 舜發於畎畝之中, 傳說擧於版築之間, 膠鬲擧於魚鹽之中, 管夷吾擧於士, 孫叔敖擧於海, 百里奚擧於市.

맹자 말씀하시길 "순임금은 농사 지는 가운데에서 발탁되시고, 부열은 제방 쌓는 사이에서 천거되고, 교격은 고기와 소금을 파는 가운데에서 천거되고, 관이오는 옥사에서 천거되고, 손숙오는 해변가에서 천거되고, 백리해는 저자에서 고용되었다.

故天將降大任於是人也, 必先苦其心志, 勞其筋骨, 餓其體膚, 空乏
其身, 行拂亂其所爲, 所以動心忍性, 曾益其所不能.
그러므로 하늘이 장차 큰 임무를 이 사람에게 내리려 하시면 반드
시 먼저 그 마음과 뜻을 괴롭게 하며 그 근골을 수고롭게 하며 신
체 피부를 굶주리게 하며, 그 몸을 궁핍하게 해서 행하되 그 하는
바를 거슬리고 어지럽게 하니 그럼으로 인해 마음이 움직이고 성
품을 참아서 그 능하지 못한 바를 더욱 더 유익하게 하는 것이다.

人恒過然後能改, 困於心衡於慮而後作, 徵於色發於聲而後喩.
사람이 항상 허물이 있은 연후에 능히 고치니 마음에 곤하며 생
각에 비긴 뒤에 일어나며 색에 증험하며 소리에 발한 뒤에 깨닫
는다.

入則無法家拂士, 出則無敵國外患者, 國恒亡. 然後, 知生於憂患而
死於安樂也.
들어가면 법도 있는 집과 돕는 선비가 없고, 나아가면 적국과 외
환이 없는 자는 나라가 항상 망하니, 그런 후에 우환에서 살다가
안락에 죽는 것을 안다.

61. 先庚后庚(선경후경)

경일(庚日)을 중심으로 먼저 삼일(三日)과 뒤에 삼일

先 먼저 선, 庚 고칠 경, 后 뒤 후, 庚 고칠 경

출전: 『주역』

달력에 삼복三伏이 있다. 조선 시대, 서울의 세시풍속을 기록한 책으로 유득공柳得恭의 저작인 『경도잡지京都雜誌』에는 조선의 세시풍속에 관한 기록이 많다. 여기에 복날에 관해 『史記사기』의 기록을 인용하고 있다. BC 7세기 경 진秦나라에서 삼복三伏 제사를 지내는데 성안 사대문(四大門)에서 개를 잡아 충재蟲災를 막던 일을 유래로 들고 있다.

책력상으로 복날은 하지夏至 후 세 번째 경일庚日인 초복初伏으로부터 시작하여 그 다음 열흘 뒤 경일庚日인 중복中伏을 거쳐 입추立秋 후 첫 경일庚日인 말복末伏으로 구성된다. 2014년의 경우, 하지 후 세 번째 경일이 양력 7월 13일이다. 이 날의 일진이 경진庚辰이다. 중복은 그 후 10일 뒤인 7월 23일인데 이 날의 일진이 경인庚寅이며 절기상 대서

大暑와 겹친다. 말복은 입추 후 첫 경일인 8월 12일인데 이날의 일진이 경술庚戌이다.

복날의 고사는 앞에서 이야기한 것과 같다 하더라도 그 원리는 주역周易 57번째인 손괘巽卦[☴]에 있다. 복伏은 입복入伏의 의미로 주역에서 손괘巽卦를 '입入'이라고 하였다. 그리고 손괘 구오효九五爻의 효사에 경庚을 중심으로 먼저 삼일先庚三日하고 뒤에 삼일이면后庚三日이면 길吉하다고 하였다.

주역 손괘 효사의 경삼庚三의 삼三과 주역 잡괘전의 손괘巽卦은 복伏이라는 말을 합하면 삼복三伏이 된다. 염천炎天 더위에 가을철 열매의 기운을 지니고 있는 것을 상징하는 것이 경庚이고 오행상 금金인데, 이 경금庚金의 열매가 더위에 불에 의하여 타들어가 녹지 않도록 세 번에 걸쳐 엎드려 있으라는 의미가 삼복三伏이다. 매해 찾아오는 무더위에 지혜로운 피서의 방법을 찾아보자.

원문:『주역』

九五, 貞, 吉, 悔亡, 无不利, 无初有終. 先庚三日, 後庚三日, 吉.

구오는 곧게 하면 길하여 뉘우침이 없어서 이롭지 않음이 없으니, 처음은 없고 끝은 있다. 경(庚)으로 3일을 먼저 하고 경(庚)으로 3일을 뒤에 하면 길하리라.

兌, 見而巽, 伏也.

태(兌)는 나타남이고, 손(巽)은 엎드림이다.

62. 成言乎艮 (성언호간)

간방에서 말씀을 이룬다

成 이룰 성 言, 말씀 언 乎, 어은 호, 艮 동방 간

출전:『주역』

요즈음 세계적으로 한국이라는 브랜드가 날로 유명해지고 환영을 받는 듯하다. 한국은 과연 역사적으로 어떤 소명이 있을까? 주역의 원리로 보면 한국은 세계의 조절자 역할을 하는 소명을 받은 나라이며 한국인은 그 소명을 이루어야 하는 책임이 있는 민족이다. 여기에서 조절이란 일을 함에 있어 마치고 시작하는 고리의 역할이다.

예로부터 중국에서는 우리나라를 동방東方, 간방艮方, 동이東夷 등으로 불러왔다. 해 뜨는 동방의 나라라는 의미의 부상扶桑도 동일한 맥락에서 붙은 이름이다. 주역의 8괘로 방위를 볼 때 한국은 간괘艮卦가 속해있는 동북東北의 방위이다. 간괘艮卦는 산을 상징하는 괘로 금수강산錦繡江山과도 부합한다.

주역에서는 우주가 변화하는 시간의 흐름을 후천팔괘를 근거로 설명하였다. 태양계의 시간은 태양의 운동여하에 달려있으니 그 흐름이란 것도 태양의 운동과 일치한다. 태양은 동방에서 떠올라 남방에서 가장 높이 있다가 서방으로 지면 북방에서 휴식을 취한다. 그리고 다시 동방으로 떠오르니 날마다 쉼이 없다.

여기에서 간방의 위치는 북방에서 동방으로 이어주는 종시終始의 고리에 해당한다. 하루의 시간 흐름을 마치고終萬物 다시 또 하루의 시간 흐름을 시작하는始萬物 중간에 있는 것이 간방이다. 하루를 마치고 또 하루를 시작하는 것은 쉼 없는 성실성이니 중용에서는 이것을 성誠이라 하였다. 사물의 섭리는 마칠 때 마치지 않으면 터져서 넘치고 시작할 때 시작하지 않으면 생명력이 사장된다. 성誠은 성언成言이니, 한국의 정성成言乎艮으로 세계의 균형이 조절되고 유지된다는 예시豫示가 있다.

원문:『주역』

帝出乎震, 齊乎巽, 相見乎離, 致役乎坤, 說言乎兌, 戰乎乾, 勞乎坎, 成言乎艮.

제(帝)가 진괘(震卦)에서 나와 손괘(巽卦)에서 가지런하고, 리괘(離卦)에서 서로 만나보고 곤괘(坤卦)에 일을 이루고, 태괘(兌卦)에서 기뻐하고, 건괘(乾卦)에서 싸우고, 감괘(坎卦)에서 수고롭고, 간괘(艮卦)에서 이룬다.

63. 水火相逮(수화상체)

물과 불이 서로 이른다

水 물 수, 火 불 화, 相 서로 상, 逮 이를 체

출전:『주역』

　우리나라 국기인 태극기를 보면 가운데 태극의 둥근 원과 네 모퉁이의 4괘로 구성되어있다. 4괘는 건곤감리乾坤坎離이다. 건과 곤은 하늘과 땅인 천지를 상징한 괘이고 감과 이는 물과 불인 수화를 상징한 괘이다. 천지가 거대한 우주의 본체라면 수화는 그 작용이다. 천지간에 존재하는 생물의 생명활동은 수화의 기운을 절대적으로 요구한다.

　밭에 곡식을 심어놓고도 비가 내리지 않아 가뭄이 들면 말라죽는 것도 생육에 필수적인 물이 부족해서이다. 거꾸로 여름 내내 비만 내리고 볕을 볼 수 없을 정도의 기후가 지속되어도 냉해를 입어 제대로 자라지 못한다. 그러므로 물이 필요할 때 비가 와주고 불이 필요할 때 볕이 나야 건전한 생명활동이 가능한데 이것을 주역에서 수화상체水火相逮라 한다.

그런데 문제가 있다. 물과 불은 말 그대로 상극이다. 물은 그 성질이 만물을 적시며 아래로 흘러내리는 윤하潤下이고 불은 그 성질이 위로 타오르는 염상炎上이다. 물은 불을 만나면 끄려고 하고 불은 물을 만나면 증발시켜버리려 하기 때문에 서로 동시에 한 공간에서 만나면 일대 격돌이 불가피하다. 이것을 주역에서는 물과 불이 서로를 멸식시키려 한다는 수화상식水火相息이라고 하였다.

이처럼 인간들이 활용하는 에너지의 원천인 물과 불은 쓰기에 따라서 서로를 멸식시킬 수도 있고 서로를 도와줄 수도 있다. 수화상체는 일음일양一陰一陽으로 조화롭게 살아가는 몸과 세계를 만들기 위한 필수원리이다.

원문: 『주역』

神也者, 妙萬物而爲言者也, 動萬物者, 莫疾乎雷, 橈萬物者, 莫疾乎風. 燥萬物者, 莫熯乎火, 說萬物者, 莫說乎澤, 潤萬物者, 莫潤乎水, 終萬物始萬物者, 莫盛乎艮. 故水火相逮, 雷風不相悖, 山澤通氣然後, 能變化, 旣成萬物也.

신(神)이란 만물을 신묘하게 하는 것을 말하는 것이니, 만물을 움직임은 우레보다 빠른 것이 없고, 만물을 흔드는 것은 바람보다 빠른 것이 없고, 만물을 말리는 것은 불보다 더한 것이 없고, 만물을 기쁘게 하는 것은 연못보다 더한 것이 없으며, 만물을 적시는 것은 물보다 더 적시는 것이 없고, 만물을 마치고 만물을 시작하는 것은 간괘보다 성(盛)한 것이 없다. 그러므로 물과 불이 서로 붙들고, 우레와 바람이 서로 어그러지지 않으며, 산과 연못이 기(氣)를 통한 뒤에야 변화하여 만물을 이루는 것이다.

64. 脣亡齒寒(순망치한)

입술이 없어지면 이가 차다

脣 입술 순, 亡 망할 망, 齒 이 치, 寒 찰 한

출전:『춘추좌씨전』

　　춘추시대 진晉나라의 헌공은 괵虢나라를 치기 위해 지나가야 하는 우虞나라를 통과하게 해달라고 우나라의 우공에게 요청하였다. 이것이 천자문에 나오는 가도멸괵假道滅虢이다. 명분은 길을 빌리는 것이었지만 두 나라를 모두 가지려는 야욕이 있었던 진나라는 괵 나라를 치고 돌아오는 길에 길을 빌려준 우나라까지 멸망시킬 계획을 갖고 있었다.

　　길을 빌려달라는 요청이 있을 때 우나라에는 현자賢者인 궁지기宮之奇란 이가 있었다. 그는 진나라의 의도를 간파하고 길을 빌려주면 진나라는 괵나라를 멸한 뒤 돌아오는 길에 다시 우나라를 칠 것이니 길을 빌려 주면 안 된다고 간언을 하였다.

"속담에 말하길(諺所謂)

수레와 덧방나무는 서로 의지하고(輔車相依)

입술이 없어지면 이가 시리다고 했는데(脣亡齒寒者)

우나라와 괵나라의 관계가 그렇습니다(其虞虢之謂也)."

궁지기의 간언에도 불구하고 우공은 진나라가 동종同宗의 나라라는
점과 보내준다는 선물에 눈이 멀어 길을 빌려주었다. 궁지기는 우리나
라는 올해를 넘기지 못할 것이라는 말을 남기고 가족과 함께 우나라를
떠났다. 그 해 겨울 궁지기의 예언대로 진나라는 괵을 정벌하고 돌아오
는 길에 우나라까지 공격해서 멸망시켜버렸다.

입술과 치아는 순음脣音과 치음齒音으로 오행상으로도 토생금土生
金의 관계여서 입술이 없으면 치아가 멀쩡할 수 없는 것은 당연하다.
당연한 이치도 욕심에 눈이 멀면 보이지 않고 현자의 말도 어리석음에
귀가 멀면 들리지 않아 크게는 나라를 망치기도 한다. 공존과 공생의
관계가 공멸에 이르는 첫 번째 이유이다.

65. 愼言節食(신언절식)

언어를 조심하고 음식을 절제한다.

愼 삼갈 신, 言 말씀 언, 節 마디 절, 食 먹을 식

출전:『주역』

　살다 보면 세상이 너무 한 편으로 치우쳐 있어서 쏠림현상이 지속되면 무너질 수도 있겠다는 위기감을 느낀다. 형식상 두 가지 상대적인 방면을 들라면 많이 있겠지만 대표적으로 거론되는 것이 개인으로 말하면 육체와 정신이고, 사회로 말하면 정신문명과 물질문명이다. 역易에서는 상대적인 둘 사이에 차이가 커져서 지나친 불균형을 초래하는 현상을 대과大過로 이야기하였다. 대과괘에 '들보가 무너진다棟橈'고 하였다.

　그리고 개인과 사회가 그렇게 된 원인에 대해 양육養育의 문제에서 찾고 있고 양육의 의미와 중요성을 인체의 입을 통해 상징하였다. 인체의 입을 상징한 괘가 바로 이頤괘인데 공자는 입을 통한 두 가지 양육에 대해 신언어절음식愼言語節飮食을 제시하였다. 언어를 조심하고 음식을 절제하라는 언어와 음식의 문제이다.

　언어는 마음에서 나와 입으로 나가면 밖으로 영향을 끼쳐 후회해도 다시는 주워 담을 수 없으니 입 밖으로 내기 전에 조심하라는 뜻이다. 음식도 입안으로 한 번 들어오면 다시 내뱉을 수 없고 곧 인체에 영향을 미치니 과식하지 말고 조절하라는 뜻이다. 입 밖으로 나가는 언어는 정신건강과 연관되고 입안으로 들어오는 음식은 육체건강과 연관된다.

　하루를 돌이켜보면 두 가지 다 지나친 부분이 있기에 대과大過로 흐르기 쉽다. 건강비결 중에 첫째 소식少食이 들어가듯 말에도 소언少言이 있다. 음식은 나 한 몸에서 끝나지만 영향력 있는 사람이 뱉은 언어는 한 몸에서 끝나지 않으니 더욱 중요하다. 노자에도 '다언삭궁多言數窮'이라 하고 절간에서 예불할 때 읽는 천수경에 '수리수리 마하수리 수수리 사바하…'의 정구업진언淨口業眞言이란 것도 모두 일상에서 언어생활을 조심하자는 자기 각오이다.

출전: 『주역』

象曰, 山下有雷頤, 君子以, 愼言語, 節飮食.

「상전」에서 말하였다: 산 아래에 우레가 있는 것이 이괘이니, 군자가 그것을 본받아 언어를 삼가고 음식을 절제한다.

人恒過然後能改, 困於心衡於慮而後作,
徵於色發於聲而後喻.

사람이 항상 허물이 있은 연후에 능히 고치니 마음에 곤하며 생각에 비긴 뒤에 일어나며
색에 증험하며 소리에 발한 뒤에 깨닫는다.

66. 暗中摸索(암중모색)

어두운 가운데 더듬어 찾는다.

暗 어두울 암, 中 가운데 중, 摸 더듬을 모, 索 찾을 색

출전: 『수당가어』

주위에는 자기의 관심사에 대해서는 훤히 꿰고 있는데 여타의 사안에 대해서는 별 관심이 없는 부류들이 있다. 관심이 없다 보면 멀어지고 멀어지면 잊혀 진다. 당나라 때 허경종許敬宗이란 학자의 이야기이다. 그는 성품이 잊기를 잘하여 사람들을 만나고는 그 사람의 얼굴이나 이름을 기억하지 못하였다. 하도 그런 증상이 심하여 사람들이 그에게 총명하지 못하다고 쑥떡거리며 놀려댔다或謂不其聰.

그런 소리를 들은 허경종은 별 관심 없는 부류들은 기억하기 힘들지만 하손何遜 유효작劉孝 綽 등의 사람이라면 어둠 속에서도 더듬어 찾아낼 수 있다暗中摸索고 하였다. 이들은 모두 자기가 문단의 대가라고 생각하며 존경하던 이들이었다. 한 쪽으로 치우쳐 가볍고 오만하다는

'경오輕傲'라는 단어로 그의 성품을 표현한 것을 보면 그리 후중하고 겸손한 편은 아니었던 것 같다.

암중모색이 지금은 앞날이 불투명한 상황에 어떻게 할지를 고민하여 그림을 그려보는 의미로 사용되지만, 원래는 이처럼 어떤 사물에 대해 정통하여 어둠 속에서도 더듬어 찾아낼 수 있다는 의미이다. 그런데 이 방법을 암기暗記력을 증진시키는 데 사용하면 효과가 있다. 어둠을 낮처럼 밝히고 사는 현대에 밝은 것의 편리에 익숙해져있는 현대인들이 가끔은 불을 끄거나 눈을 감거나 아니면 마음속으로 자기가 관심이 있는 어떤 사물에 대해 더듬어 찾아내는 훈련을 한다면 기억력 향상뿐 아니라 치매예방에도 좋을 것이다.

67. 易子敎之(역자교지)

자식은 바꾸어 가르쳐라

易 바꿀 역, 子 아들 자, 敎 가르칠 교, 之 갈 지

출전:『맹자』

인간관계는 나와는 피 한 방울 섞이지 않은 생물학적으로 전혀 다른 존재와의 교제로부터 시작된다. 그래서 중용에 인류의 진정한 시작이 부부라고 하였다. 부부의 교제 속에서 나온 존재인 자식과 부모와의 관계가 부자이다. 부모와 자식 간에는 친함을 잘 유지하며 지내야한다는 관계윤리가 바로 부자유친父子有親이다. 전혀 관계가 없었던 남남 사이에서 가장 친밀한 관계가 파생된다는 것 자체가 기적이라면 기적이다.

그런데 이렇게 친하고 사랑하는 사이이기 때문에 자식을 잘 가르치는 일이 쉽지가 않다. 그래서 부모의 자식교육에 관한 슬기로운 방법이 오래 전 고안되었다. 맹자의 제자인 공손추가 그 점을 물어보았다. "군자가 직접 자기 자식을 가르치지 않음은 어떤 맥락입니까?" 이에 대해 맹자는 부모가 자식을 직접 가르치게 되면 감정과 현실, 목적과 결과의 측면에서 틀어지기 쉬운 문제가 있다고 답하였다.

『중용』에 수도지위교修道之謂敎라 하듯이 교육은 사람으로서 걸어 가야 할 바른 길을 제시하고 닦아주는 것이다. 부모가 자식에 대한 애 정이 깊다 보니 자식이 바른 길을 걷지 않으면 성질을 낸다. 그런데 정 작 부모 스스로의 현실은 스스로 늘 바른 길을 걷고 있음을 자식에게 보여줄 수 없다. 그러다보니 자식 또한 아버지에게 '아버지도 바르게 하지 못하시지 않습니까?' 라고 한다. 이렇게 되면 부자간에 상처를 받 게 된다.

맹자는 말한다.

"그러므로 옛적엔古者 자식을 바꾸어 가르쳤다易子而敎之."

부자지간에 서로 선善을 질책하지 말라는 것이다. 서로 질책하게 되 면 부자가 정이 떨어지게 된다. 심한 질책 대신에 믿어주면서 해당 분 야에 관해 내가 믿고 맡길 자식의 선생을 알아보는 눈이 더 필요하다. 아들의 말이 메아리처럼 울린다.

"아빠도 그러면서!"

원문: 『맹자』

公孫丑曰, 君子之不敎子는 何也.

공손추 말하길 "군자가 자식을 가르치지 않는 것은 어째서 입니까?"

孟子曰, 勢不行也. 敎者, 必以正, 以正不行, 繼之以怒, 繼之以怒則反夷矣, 夫子 敎我以正, 夫子未出於正也, 則是父子相夷也, 父子相夷則惡矣.

맹자 말씀하시길 "형세가 행하지 못함이라. 가르친다는 것은 반드시 바름으로써 하는 것이니 바름으로써 행하지 아니하면 이어서 성을 내고 이어서 성질을 내면 도리어 상하는 것이니 아버지가 나를 가르치는 데 바름으로 하는 데 아버지도 바른 데에서 나가지 못하는 것이라 하면 이는 아비와 자식이 서로 상함이니 아비와 자식이 서로 상하면 나빠진다.

古者, 易子而敎之.

옛적에 자식을 바꾸어 가르쳤다.

父子之間, 不責善, 責善則離, 離則不祥, 莫大焉.

아비 자식 사이는 선을 책하지 않는 것이니 선을 책하면 떠나니 떠나면 상서롭지 못한 것이 이 보다 더 큰 것이 없다.

68. 說感武丁 (열감무정)

부열(傅說)은 무정(은나라 高宗)을 감복시켰다.

說 기쁠 열, 感 느낄 감, 武 호반 무, 丁 장정 정

출전: 『천자문』

천체를 올려다 보면 수많은 별들이 있는데 예로부터 일월오성이 걸려서 출입운행 하는 별자리를 동양 천문에서는 28수宿라고 하였다. 그 별들이 위치한 동서남북의 방위와 형상에 따라 각각 청룡靑龍, 백호白虎, 주작朱雀, 현무玄武로 구분하였다. 청룡靑龍의 형상을 띠고 있는 일곱 별자리를 동방칠수東方七宿라 하는데 각角, 항亢, 저氐, 방房, 심心, 미尾, 기箕가 그것이다.

이 중에 서양식 표현으로 전갈좌와 인마궁에 속한 미尾의 자리를 들여다보면 부열傅說이란 별이 하나 있다. 주로 왕후의 제사나 자손을 관장하는 별로 인식되어 점을 쳤었다. 제사는 조상을, 자손은 후사를 잇는다는 의미가 있으니, 결국 나라가 무탈하도록 빌어주면서 길이 보존하기를 염원한 천문적 표상이다.

그런데 이 부열傳說엔 고사가 들어있다. 천자문에 '기리계綺里季는 한나라 혜제惠帝를 회복하게 하고, 부열傳說은 무정(은나라 高宗)을 감복시켰다'는 문구가 있다. 열감무정說感武丁의 열說은 바로 부열傳說이고 무정武丁은 은나라 임금이었던 고종高宗이다. 서경書經)열명說命편에 보면 나라를 부흥시킬 어진 배필을 찾던 무정武丁이 '꿈을 꾸었는데 상제께서 나에게 어진 배필(신하)을 주었다夢帝賚予良弼'고 말하였는데 그 신하가 바로 부열이다.

꿈에서 상제가 보여주었던 모습 그대로 얼굴을 그려서 찾은 끝에 부암의 들에서 살고 있는 부열傳說을 찾을 수 있었다. 부傳란 사부師傅의 의미도 있고 열說은 설說의 뜻이기도 하니 임금을 정언正言으로 이끌며 보필하는 어진 스승이기도 한 것이다. 부열과 만나 이야기해본 무정은 감동해서 재상으로 삼아 나라를 부흥시켰다는 이야기이다. 부열에 내재된 덕량과 무정의 정성이 꿈에서도 이어져 서로를 감동시켰다는 고사이다. 죽어서 간방艮方의 별자리 분궁에 속한 별이 된 부열을 저아래 남쪽 밤하늘에서 다시 볼 수 있을까 모르겠다.

원문:『서경』

王庸作書以誥曰以台, 正于四方, 台恐德弗類, 茲故弗言, 恭默思道, 夢帝賚予良弼, 其代予言.

왕이 써 글을 지어서 써 고하여 말하기를 "나로써 사방을 바루게 하실 적에 내가 덕이 같이 않음을 두려워해서 이런 고로 말을 하지 않느니라. 공손하게 묵묵히 도를 생각하더니 꿈에 상제가 나에게 어진 보필할 신하를 주시니 나를 대신하여 말할 것이다."

乃審厥象, 俾以形, 旁求于天下, 說築傅巖之野, 惟肖.
꿈에 본 그 형상을 살피시어 하여금 형상으로 널리 천하에 구하시니 부열이 부암의 들에서 살더니 초상과 같더라.

爰立作相, 王置諸其左右.
이에 세워서 정승을 삼아서 왕이 그 좌우에 두시다.

69. 惡濕居下(오습거하)

습기를 싫어하면서 습지에 거한다

惡 미워할 오, 濕 습할 습, 居 거할 거, 下 아래 하

출전: 『맹자』

어릴 적, 초등학교 3학년 때 겨울로 기억되는데 쉬는 시간 교실 한 가운데 석탄난로 주위에 빙 둘러서 언 손을 녹이고 있었다. 뒤에서 친구들이 장난치다 실수로 밀치는 바람에 난로로 몸이 기울어져 손바닥으로 벌건 난로를 짚었다. 수업시간 내내 대야의 차가운 물에 손을 담그고 있었고 지금은 덕분에 두 손바닥 모두 정상이다. 그때의 뜨거웠던 느낌은 지금 없지만 그 장면은 아직도 생생하다.

뜨거운 것을 집으면 물을 사용해 시원하게 함은 지극히 당연한 이치이다. 만약 뜨거운 물건을 집고서도執熱 차가운 물로 담그지 않는다면不濯 그 손은 타들어가 사용하지 못할 것이며 자칫 생명까지 위험할 수 있다. 문제는 인간의 의지적 행위는 단순한 생리적 반응과는 다르다는데 있다.

맹자는 불인不仁함을 고치지 않고 왕도정치를 하고자 한다면 이는 곧 '집열불탁執熱不濯'과 같다고 보았다. 나아가 개인이든 조직이든 국가든 대부분 이루려는 목적을 두고 치욕恥辱대신 영달榮達의 성과를 바란다. 문제는 이러한 목적 자체가 아니라 그 목적을 이루기 위한 최적의 방법을 사용했는가의 문제이다.

이와 관련해 맹자는 다시 한 번 '오습거하惡濕居下'의 비유를 들어 충고한다. 습기濕氣를 싫어하면 위의 건조乾燥한 곳에 거처해야 하는데 거꾸로 아래의 습지濕地에 거하는 행위를 한다는 것이다. 대전역에서 서울을 가고 싶다고 말로만 하고 정작 하행선을 타고 있으며 내리지 않고 있는 것과 같다.

역사에 치란治亂이 반복되듯이 인생에도 크고 작은 승패는 늘 있기 마련이고 상호 자기반성이 뒤따른다. 그 때 도달하는 결론은 목적을 향한 처절한 열망에의 자기도취가 아니라 그 목적을 이루기 위한 최적의 방법을 철저히 택했는가의 문제이다.

원문: 『맹자』

孟子曰, 仁則榮, 不仁則辱, 今惡辱而居不仁, 是猶惡濕而居下也.
맹자 말씀하시길 "어질면 영화롭고 어질지 못하면 욕되나니 지금에 욕을 싫어하면서 어질지 못하는 데 거하는 것이 이는 습한 것을 싫어하면서 아래에 있는 것과 같으니라."

70. 吳越同舟 (오월동주)

오나라 사람과 월나라 사람이 한 배를 타다

吳 나라이름 오, 越 나라이름 월, 同 같을 동, 舟 배 주

출전: 『손자병법』

솔연率然은 손자병법에 등장하는 상산常山에 사는 뱀의 이름이다. 솔연의 몸체는 앞의 머리와 뒤의 다리와 가운데의 몸통으로 되어 있다. 그런데 이 전후중의 세 부분이 한 몸을 이루고 있다 보니 서로 하나라는 인식을 가지고 하나처럼 움직인다. 한 몸인지 아닌지는 생존이 걸려 있는 싸움이 벌어지면 나타난다.

적이 앞의 머리를 치면 뒤의 꼬리로 공격하고 뒤의 꼬리를 치면 앞의 머리로 공격한다. 혹 가운데 몸통을 치면 앞의 머리와 뒤의 꼬리로 동시에 공격한다. 손자병법의 문제의식 가운데 가장 중요했던 것은 군사들이 솔연처럼 한 몸으로 인식하고 움직이게 할 수 있고, 그 결과 장수가 군사를 한 몸처럼 통솔할 수 있을까의 문제였다.

이에 대한 가능성을 두고 손자병법의 결론은 '가능하다' 이다. 그 가능성을 입증하는 배경구상이 바로 오월동주吳越同舟이다. 오나라와 월나라라는 철천지원수 사이로, 같이 탄 배가 풍랑을 만나게 되면 일차적인 생존의 주체가 '너'나 '나'라는 원수로서의 개체가 아닌 한 배가 되기 때문에 서로 한 몸의 좌수左手 우수右手처럼 인식하고 행동한다는 것이다.

전체적인 생존의 위협이 닥쳐 자기만 생존할 수 있는 길이 끊어질 때 원수지간이라도 공생의 길을 찾게 되고 그 결과 한 몸처럼 움직인다는 원리를 담고 있는 것이 오월동주인데 대외적인 난국을 풀어나갈 협력의 명분으로 자리 잡았다.

71. 五者來備(오자래비)

다섯 가지가 와서 갖춘다

五 다섯 오, 者 놈 자, 來 올 래, 備 갖출 비

출전: 『서경』

무왕(武王)이 은나라를 치고 적국의 마지막 임금이었던 주紂의 삼촌이었던 기자箕子를 찾아가 문화가 달랐던 은나라를 포함한 천하를 다스릴 수 있는 정치의 방도를 물었을 때, 기자箕子가 전해준 것이 바로 홍범구주洪範九疇이다. 홍범구주洪範九疇는 우禹임금이 홍수를 다스리기 위해 치수治水사업을 할 때 낙수落水에서 계시啓示된 낙서洛書의 이치를 깨달은 결과물로 하늘이 내려준 것이다.

아홉 가지의 구주九疇 가운데 맨 처음이 오행五行으로 바로 수水, 화火, 목木, 금金, 토土이다. 이 오행의 기운은 상생과 상극의 작용을 하면서 만물의 변화를 주관한다. 상생은 목-화-토-금-수의 순으로 생生해주며 운행하는 것이고, 상극은 수-화-금-목-토의 순으로 극剋해주며 운행하는 것이다.

구주九疇 가운데 여덟 번째가 정치를 제대로 하기 위해서는 여러 분야의 조짐을 살필 수 있어야 한다는 서징庶徵이다. 기후를 예로 들면 오행五行의 기운이 운행하며 비도 오고 볕도 나고 덥기도 하고 춥기도 하고 바람도 부는데, 이 다섯 가지가 질서 있게 갈마들며 잘 갖추어지면五者來備 인간들 뿐 아니라 여러 초목들도 무성히 잘 자라게 되니, 아름다운 조짐休徵이라고 하였다.

비단 기후 뿐만이 아니다. 이웃나라 중국을 보면 공산당정권 수립 전후에서 지금까지 대략 50년의 세월이 흘렀다. 지금부터 역대수장首長을 거슬러 가보면 습근평習近平−호금도胡錦濤−강택민江澤民−등소평鄧小平−모택동毛澤東의 역순으로 되집어볼 수 있다. 훈민정음의 음가로 볼 때 차례로 ㅅ金− ㅎ水 −ㄱ木− ㄷ火− ㅁ土로 금−수−목−화−토의 기운이 갈마들며 상생을 해주면서 한 바퀴를 돌면서 최강대국으로 떠올랐다. 오행 상 한 바퀴를 돌았으니 다음엔 질적인 패러다임의 변화가 올만도 한 시점인데 두고 볼 일이다.

72. 玩物喪志 (완물상지)

물건을 희롱하면 뜻을 잃는다

玩:희롱할 완, 物:물건 물, 喪:잃을 상, 志:뜻 지

출전:『서경』

은나라의 마지막 왕이었던 주紂는 역사에서 폭군의 대명사가 되어버렸다. 하지만 주역의 명이괘明夷卦의 주紂를 상징한 효사爻辭에 보면 처음엔 천자의 자리에 올라 정치를 잘해나갔다고初登于天 하였다. 그러다 뒤에는 태양이 땅속으로 꺼지듯이 암흑의 정치를 하였다고後入于地 했다. 사가들이 여러 이유를 들지만 중요한 이유 중 하나는 이목을 즐겁게 하는 물건에 빼앗긴 마음에 있다.

은말 주초에 서백西伯이었던 문왕의 아들인 무왕이 주紂를 치는 데는 많은 군사가 필요하지 않았다고 한다. 이미 은나라의 민심은 주를 떠나있었기 때문이다. 무왕은 다른 풍습과 문화를 지닌 은나라를 다스리기 위해 그 나라의 전통적 치세법을 배우기 위해 기자箕子를 찾아가

물을 정도로 열심이었다. 한편으로는 넓어진 땅을 다스리기 위해 각 지역에 제후를 봉하고 다른 나라들에게도 사신이 찾아오는 등 주나라의 권위가 세워졌다.

어느 날 여旅라는 나라의 사신이 와서 진기한 개 한 마리를 예물로 바쳤다. 무왕은 이 희귀한 선물을 보고 매우 기뻐하며 찾아온 사신에게 큰 선물을 하사했다. 이때 신하였던 소공召公이 "사람을 희롱하면 덕을 잃고玩人喪德, 물건을 희롱하면 뜻을 잃는다玩物喪志"고 간하였다.

생각해보니 주紂는 자기가 진귀한 보화를 간직하기 위해 지은 녹대鹿臺에서 죽었다. 정신이 번쩍 난 무왕은 이 말을 듣고 그 개뿐 아니라 진상하기 위해 들여온 모든 값진 물건을 제자리로 돌려주었다. 그리고는 은나라의 멸망을 교훈 삼아서儀監于殷 성군의 정치를 하였다고 전해진다. 지나치게 이목耳目의 즐거움만 쫓다보면 굳었던 심지心志도 잃어버리는 경우가 있다.

원문:『서경』
德盛不狎侮, 狎侮君子, 罔以盡人心, 狎侮小人, 罔以盡其力.
덕의 성함은 하찮게 여기고 업신여기지 않나니 군자를 압모하면 사람의 마음을 다하지 아니하고 소인을 압모하면 써 그 힘을 다하지 아니 하리이다.

不役耳目, 百度惟貞.

보이고 들리는 데에 빠지지 마시어 백 가지 법도를 바르게 하소서.

玩人喪德, 玩物喪志.

사람을 노리개로 하면 덕을 잃고 물건을 노리개로 하면 뜻을 잃

으리다.

73. 欲速不達(욕속부달)

빠리 하려고 하면 도달하지 못한다

欲 하고자할 욕, 速 속할 속, 不 아니 불, 達 이를 달

출전:『논어』

매일 우리는 과학기술이 주는 '빠름'의 세례洗禮 속에서 경주하며 살고 있다. 그 덕에 심혈관이나 뇌혈관 등과 관련된 중증 위급사항에 처하였을 때 종종 죽을 수 있었던 생명을 구하기도 한다. 이대로의 속도라면 인간의 기술이 곧 빛의 속도를 능가할 것 같다. 빠름의 존재의 미와 적정성은 생각할 여유도 없을 정도로 빠름은 이미 과학기술의 문제를 넘어 우리 모두의 심리적 현실로 이식되어버린 느낌이다.

어느 날 거보莒父라는 노나라의 읍을 맡게 된 공자 제자인 자하子夏가 그 지역을 어떻게 다스려야할지 고민이 되어 선생님께 물었다. 그러자 공자께서 다음과 같은 가르침을 주었다.

"빨리 하려고 들지 말고(無欲速)

작은 이익을 보려고도 하지 말아라(無見小利).

빨리 하려고 들면 도달하지 못하고(欲速則不達),

작은 이익을 보려고 하면 큰 일을 이룰 수 없다(見小利則大事不成)."

공자의 가르침에서 우리는 외부세계의 빠름과 내면세계의 중심잡기를 구분할 필요가 있음을 직감한다. 심리적 차원에서는 오히려 느리게 가져야할 필요성도 느끼게 된다. 빠름은 빠름을 통제하지 못하니 느림만이 빠름의 위치를 통찰하여 그 필요성과 적정성을 평가할 수 있다.

기둥이 흔들리면 그 집이 넘어지고 인간의 중심이 흔들리면 천하가 흔들린다. 외부세계의 늦고 빠름은 늘 있어왔고 앞으로도 있을 것이다. 가장 중요한 것은 내면의 중심잡기와 속도조절이다. 그러므로 옛 가르침에 게을리 하지 말라거나不倦 성실하라는誠之 회초리는 있어도 빨리하라는速成 독촉은 없다.

74. 愚公移山 (우공이산)

우공이 산을 옮긴다

愚 어리석을 우, 公 드러낼 공, 移 옮길 이, 山 뫼 산

출전: 『열자』

열자列子는 우화를 통해 일상에서 우리가 지니고 있었던 고정관념을 깨뜨려준다. 서로 다름의 세계에 단단히 둘러싸여 있는 벽을 허물어 큰 차원에서 동화시킨다. 그 중에 하나가 지혜와 어리석음의 문제이다. 우리는 어리석음 대신 지혜를 바라지만 큰 지혜는 어리석음과 통한다는 말도 있듯이 무엇이 지혜이고 무엇이 어리석음인지의 판단은 쉽지 않다.

열자에 우공과 지수라는 인물이 등장하는데 어리석은 노인이라는 우공愚公은 우리들이 지니고 있는 어리석음의 대명사이고, 지혜로운 늙은이라는 지수知叟는 지혜의 대명사이다. 우공愚公은 북산北山에 살고 있었는데 북산은 높은 태행산太行山과 왕옥산王屋山을 이웃하고 있어서 두 산이 막고 있어서 왕래가 불편하였다.

　나이 90에 가까운 우공은 어느 날 가족들을 불러놓고 모두 힘을 합쳐 이 산을 깎아 평지로 만들고 길을 내어 왕래가 편하도록 하고 싶은데 의견이 어떤지를 물었다. 반대도 있었지만 결국 합의가 이루어져 일을 시작했다. 황하변에 사는 지수知叟라는 사람이 그것을 보고 우공에게 당신의 힘으로는 산의 한 모퉁이도 깎아내지 못할 것이라며 만류하며 충고하였다.

　그러자 우공은 내가 죽으면 나의 아들과 손자들이 계속 대를 이어 하면 결국 산을 깎을 수 있다고 하였다. 지수知叟는 기가 찼고 그 말을 들은 산 주인인 사신蛇神도 겁에 질려 천제天帝에게 우공이 자기의 산을 파내는 것을 막아 달라 호소하였다.

　결국 천제는 우공의 우직함에 감탄하여 힘이 센 신장에게 명하여 태행과 왕옥의 산을 각각 삭동朔東과 옹남雍南의 땅으로 옮겨 놓게 하여 우공이 사는 곳은 평평해졌다. 어리석은 우공은 자기의 목적을 성취하였고 지혜로운 지수는 아무 일도 못하였다면 과연 누가 지혜롭고 누가 어리석은 이냐는 것이 열자의 탄식이다.

75. 遇主于巷(우주우항)

주인을 마을 길거리에서 만난다

遇 만날 우, 主 주인 주, 于 어조사 우, 巷 거리 항

출전: 『주역』

수원시의 2013년 사자성어는 필자가 제시한 우주우항遇主于巷이다. 주인은 시민주권의 의미이고, 길거리란 현장행정의 의미이다. 우주遇主는 민주주의란 말 그대로 시민이 주인이라는 시대정신의 구현이며, 우항(于巷)은 앞으로 실천할 과제를 이루기 위한 적극적인 현장행정의 구현이라는 의미이다. 수원시의 주인인 시민들의 뜻을 잘 받들기 위해 삶의 현장에서 시민들과 함께하는 행정을 펼치고자 하는 시정철학을 담아낸 글귀였다.

다소 생소한 글귀이고 또 원전적 의미를 확충하여 현실에 비겨본 것이라 이에 대해 공무원들과 시민들이 선뜻 이해하기 어렵겠다는 생각도 들던 차에 최근 수원시청에서 개최한 '소통강연'에서 '주역과 리더십'이란 제하로 강연을 할 기회가 있었다. 그런데 이 글귀 속에는 '동이 同異의 조화'라는 동양철학의 화두가 들어 있다. 같고 다름의 문제를 어떻게 조화롭게 화해하고 화합하는가의 리더십의 문제이다.

이 사자성어는 주역 38번째 화택규火澤睽 괘 구이九二 효사爻辭이다. 위에 위치한 괘인 이괘離卦가 상징하는 불은 위로 타올라가는 성질을 지니고, 아래에 위치한 괘인 태괘兌卦가 상징하는 못물은 아래로 흘러내리는 성질을 지녀 서로 성질이 다르다. 이렇게 불과 못물처럼 서로 다른 존재에서 어떻게 동일한 면을 찾아 조화롭게 화합할 수 있을지의 문제를 공자는 규괘의 대상전에서 '동이이同而異' 혹은 '이이동異而同'이라는 화두로 제시하였다.

인간은 각자가 개성, 직업, 능력, 기호, 신념 등등 서로 다른데 이 다른 것을 인정하면서도 같은 면을 찾아 조화롭게 할 수 있을까의 문제이다. 그 해답은 바로 '길거리에서 만나라'는 데 있다. 그 의미는 곧 역지사지 易地思之해서 만나라는 뜻이다. 모든 사람은 구체적인 면에서는 모두 나와 다르기 때문에 그 사람, 그 마을의 처지와 실정을 잘 헤아려야 한다. 다르지만 대체적인 면에서는 모두 나와 같기 때문에 화합이 가능하다. 서로 다른데도 조화나 화합이 가능한 근거는 다름 아닌 서恕이다.

원문:『주역』

九二, 遇主于巷, 无咎.
구이는 임금을 골목에서 만나면 허물이 없다.

象曰, 遇主于巷, 未失道也.
「상전」에서 말하였다: '임금을 골목에서 만남'은 도를 잃지 않은 것
이다.

玩人喪德, 玩物喪志.

사람을 노리개로 하면 덕을 잃고 물건을 노리개로 하면 뜻을 잃으리다.

76. 月離于畢(월리우필)

달이 필성에 걸리다

月 달 월, 離 걸릴 리, 于 어조사 우, 畢 필성 필

출전: 시경

    공자는 어떤 주장을 할 때 그것에 관한 논거를 중시했다. 대표적인 사례가 하나라와 은나라의 각종 예禮에 관한 것이다. 공자는 하나라와 은나라의 예에 관해 말해줄 수는 있지만 함부로 그럴 수 없는 것은 하나라의 후예인 기杞나라와 은나라의 후예인 송宋나라에서 증거를 댈 만한 문헌이 부족하기 때문이라고 하였다. 공자는 미래를 예견할 때도 가급적이면 전거를 대었다.

    어느 날 공자가 제자들과 외출을 할 때 우구를 챙기도록 하였는데 외출을 한 후 정말로 비가 왔다. 제자가 어떻게 비가 올 것을 알았는지를 물었다. 그러자 공자는 시경의 한 구절을 끌어온다. "월리우필月離于畢, 비방타의俾滂沱矣"란 구절인데 "달이 필성에 걸렸으니 큰 비가 내리겠구나"라는 뜻이다.

공자가 살아있을 때 제자 상구商瞿가 늦은 나이에도 자식이 없자 상구의 어머니가 공자를 만나 아들 걱정하며 다시 며느리를 보려고 하였다. 그 때 공자는 상구의 나이가 40세를 넘으면 다섯 장부를 둘 것이니 걱정하지 말라고 하였는데 실제로 그렇게 되었다.

공자가 돌아가시고 제자들은 공자가 그리워 공자와 외형이 흡사한 유약有若을 선생으로 모시고 공자처럼 대우하고 있었다. 어느 날 한 제자가 예전에 공자가 비가 올 것을 미리 알고 우구를 준비하라고 한 것에 대해 유약에게 물으니 유약은 시경의 '월리우필月離于畢' 구절을 이끌어댔다. 그러자 그 제자는 어제 저녁에도 달이 필성에 걸렸었는데 왜 비가 오지 않았냐고 물었지만 유약은 대답을 하지 못했다. 다시 상구가 40이후에 다섯 자식을 둘 것을 어떻게 알았냐는 질문에도 대답을 못하였다. 그러자 제자들에게서 나온 말은 이랬다. "그 자리는 당신의 자리가 아니니 내려오시오!"

이렇듯 외형만을 판박이로 갖추었다고 해서 그 본질적인 정수를 담고 있는 것은 아니다. 필요조건과 충분조건이 다르듯이 공자가 전거를 댈 때와 유약이 전거를 댈 때는 그 선후본말이 달랐던 것이다.

77. 雲騰致雨 (운등치우)

구름이 올라 비를 이룬다

雲 구름 운, 騰 오를 등, 致 이룰 치, 雨 비 우

출전: 『천자문』

비雨는 비님이라는 명칭이 있듯이 신성한 존재이다. 자연의 기후에서도 구름雲, 이슬露, 서리霜, 눈雪은 다 같은 종류이기 때문에 비 우雨를 따른다. 24절기의 명칭을 자세히 들여다보면 음력으로 정월달의 우수雨水, 3월의 곡우穀雨, 8월의 백로白露, 9월의 한로寒露와 상강霜降, 10월의 소설小雪, 11월의 대설大雪에 이 비우雨가 들어가 있다.

비가 올 때 비가 오고 이슬이 맺힐 때 이슬이 맺히고 서리가 내릴 때 서리가 내리면 자연히 눈이 내릴 때 눈이 내린다. 그러면 한 해의 기후가 순탄하게 흘러가 농작물이나 인체의 건강에 별 탈이 없다. 그런데 와야 될 때 오지 않거나 오지 말아야 할 때 오면 그것이 곧 기후의 재변災變이다.

비로 대표되는 자연계의 순환은 천지의 상하로 오르내리며 이루어지는데 이것이 천지의 소통이다. 땅에서의 기후가 바다로 전해지고 바다에서 수증기가 하늘로 올라가 음양의 기운이 합하면 비가 되어 높은 산을 통해 땅으로 다시 흘려보낸다. 큰 차원에서 보면 지구상에서 일어나는 대류는 일기一氣가 순환하는 것이기 때문에 원활하게 소통하지 못하면 만물이 아프고不通卽痛 소통하면 만물이 아프지 않고 생기를 찾는다通卽不痛.

주역에서 왕의 자리를 하늘자리에 놓은 것은 자연에서 하늘이 땅위의 만물에게 소통하며 제때에 필요한 비를 내리는 것처럼 덕택을 아래의 국민들에게 베풀라는 것이지 권력이나 누리라고 하늘자리에 놓은 것이 아니다. 하늘의 재앙을 재災라 하고 인간의 재앙을 생眚이라 한다. 천재지변은 물불水火에서 오지만 인간의 재앙은 이목耳目에서 생겨난다는 뜻이다. 지도자가 눈이 멀고 귀를 닫아 봐야할 것을 보지 않고 들어야할 소리를 듣지 않으면 그것에서 재앙은 생겨난다. 정치는 천하의 여론을 제대로 듣는 것이다聽天下. 인간이 비를 만들어 혜택을 베푸는 자연을 배워야하는 이유이다.

78. 游魂爲變(유혼위변)

혼이 놀아 변화한다

游 놀 유, 魂 혼 혼, 爲 할 위, 變 변할 변

출전: 『주역』

죽음은 태어날 때 이미 정하여진 미래이다. 그럼에도 태어남을 기뻐해주고 죽음을 애도하는 것이 우리네 인생이다. 동서고금 할 것 없이 생사生死는 큰 화두였다. 불가佛家에서는 공부의 내용이 생사라는 일대사를 타파하는데 있다.

『논어』에 죽음에 대해서 질문하자, 공자는 "생生을 알지 못하는데未知生 어찌 사死를 알겠는가焉知死"라고 하였다. 행간을 읽어보면 태어나는 도리를 알면 죽어가는 도리를 알 수 있다는 뜻이다. 그러므로 공자는 『주역』에서 사생死生의 도리를 알 수 있다고 하였다.

음양은 만물을 만들어내는 공통된 자료인 셈으로 그 음양적 작용 또한 공통된 것으로 본다. 음적인 정精과 양적인 기氣가 합하여져서 인물이 된다精氣爲物. 살아가다가 죽을 때에는 양적인 혼魂은 하늘로 올라가고 음적인 백魄은 땅으로 내려가서魂飛魄降 분리된다. 가장 큰 변화를 맞는 셈인데 혼백이 분리되므로 홀로 혼魂만 이야기하여 유혼위변游魂爲變이라 한다.

사람이 죽으면 시신을 일곱 매로 묶어 관속에 칠성판을 깔기도 하였는데 이것은 천상의 북두칠성北斗七星에게 칠백七魄을 의탁하는 풍습이다. 그리고 망자의 혼이 다시 이 세상에 돌아오라고 언덕처럼 높은 곳에 올라가 돌아오라고 세 번 외치며 초혼招魂하는 것을 고복皐復이라고 한다. 나를 낳고生我 기르며養我 지켜주던護我 저 천상의 삼태성三台星에게 삼혼三魂을 의탁하는 의미이기도 하다.

아무리 천상의 삼태칠성이 보살펴준다 해도 상여소리는 언제 들어도 구슬프다.

인제 가면 언제 오나,
병풍에 그린 닭이 홰를 치면 오실라요,
명사십리 해당화야
너는 내년 봄에 또 꽃피련만
우리 인생 한번 죽어지면 다시 못오리...

79. 理財正辭(이재정사)

재물을 다스리고 말을 바로 한다

理 다스릴 리, 財 재물 재, 正 바를 정, 辭 말씀 사

출전:『주역』

『대학』에는 인간이 살아가면서 감당할 수 있는 범위에서 행해야할 과제 여덟 가지를 제시하고 있다. 그 가운데 국가와 세계를 다스리는 치국治國과 평천하平天下의 큰 과제도 들어있다. 이렇듯 범위가 큰 치국이나 평천하의 방법인 혈구지도絜矩之道는 인간의 보편적 정감인 호오好惡에 그 기초를 두고 있다. 혈구지도는 내가 싫어하는 것을 남에게 베풀지 말라는 서恕의 다른 이름이다.

좋아하고 싫어하는 호오好惡의 내용은 여러 가지가 있지만 중요한 것으로 거론되는 것이 바로 재물이다. 재물은 나만 좋아하거나 너만 좋아하는 것이 아니라 모든 사람이 좋아하는 것이라는 아주 상식적이고 보편적 공감을 철저히 하고 있는가의 문제가 대두된다. 내가 싫어하는 것은 남도 싫어하고 내가 좋아하는 것은 남도 좋아한다는 인간의 보편적 정감에 대한 공감의 문제이다.

그러므로 치자治者의 도리를 덕본재말德本財末이라 하였다. 모두들 좋아하는 재물일랑 밖으로 베풀고財末 힘들지만 갖추어야 덕은 부지런히 닦아야 한다는德本 의미이다. 다 같이 좋아하는 재물을 나만 독차지 하고內末 정작 내가 해야 할 도리는 귀찮아하며 남에게 베풀게 되면外末 온 세상은 쟁탈로 얼룩진다爭民施奪. 이것이 이재理財의 리더십이다.

재물과 비슷한 원리로 돌아가는 것을 말이라고 하였다. 『대학』에 합당하지 않은 원인에 의해 들어온 재화는貨悖而入者 합당하지 않은 원인에 의해 나간다고亦悖而出 하였다. 내가 내리는 명령이其所令 정감상 보편적으로 납득할 수 있는 이치를 담지 않으면反其所好 백성은 그명령을 따르지 않는다民不從. 리더가 뱉은 말은 정사에 반영되어 국민에게 시행되니 재물보다 더한 영향력을 미친다. 그러므로 이치에 합당한 말을 하는 것이 바로 정사正辭의 리더십이다.

이재理財와 정사正辭의 두 가지를 스스로 갖추어 놓고 백성들의 비행을 금할 때 비로소 정의롭다 할 수 있는 것으로禁民爲非曰義 그 명은 먹히는 것이지, 치자治者가 이 둘을 갖추지 못하면 그 령 또한 서지 않으며, 게다가 사적인 재물만 탐하게 되면 그 죄를 용서받기 힘들 것이다.

원문:『주역』

天地之大德曰生, 聖人之大寶曰位, 何以守位, 曰仁. 何以聚人, 曰
財. 理財, 正辭, 禁民爲非, 曰義.

천지의 큰 덕을 낳음이라 하고, 성인의 큰 보배를 자리라 하니, 무
엇으로 자리를 지키는가? 사람이다. 무엇으로 사람을 모으는가?
재화이다. 재화를 다스리며 말을 바르게 하며 백성이 잘못함을
금지시킴을 옳음이라 한다.

80. 仁者樂山 (인자요산)

어진 자는 산을 좋아한다

仁 어질 인, 者 놈 자, 樂 좋아할 요, 山 뫼 산

출전: 『논어』

　　최근 날로 증가하는 등산인구를 보면서 인자요산仁者樂山에 대해 생각해보게 된다. 유학에서 전통적으로 거론되는 대표적인 덕목이 어질고 지혜롭다는 인仁과 지知이다. 공자는 이에 대해서 자연의 산과 물로 연결 지었다.

　　"지혜로운 자는 물을 좋아하고(知者樂水)

　　어진 자는 산을 좋아하니(仁者樂山).

　　지혜로운 자는 동적이고(知者動)

　　어진 자는 정적이며(仁者靜).

　　지혜로운 자는 즐겁고(知者樂)

어진 자는 수를 누린다(仁者壽)."

　물은 산골짜기에서부터 계곡에서 하천을 통해 바다에 이르고 다시 수증기가 되어 올라가 비가 되어 내리니 막힘이 없이 두루 흘러 다닌다. 이것이 지혜로운 자가 사리事理에 막힘없이 통달한 것과 같다. 산은 후중하게 한 곳에 그쳐 있으며 초목을 길러준다. 이것이 어진 자가 합당한 도리로 후중하게 처신하는 것과 같다.

　산과 물의 형체를 동정動靜의 관점에서 보면 물은 늘 유동流動하니 동적이고 산은 늘 그 자리에 그쳐있으니 정적이다. 양의 기운은 동적이고 음의 기운은 정적이니 동정으로 보면 물이 양이고 산이 음이다. 물은 유동流動하면서 막힘이 없으니 그 자체가 즐거운 일이다. 사물의 이치에 막힘이 없으면 그보다 더 즐거운 것이 없다. 그래서 지혜로운 자는 즐겁다.

　일정한 목적을 얻지 못한 채 이리저리 떠돌아다니면 피곤하여 기운만 빠진다. 내가 있어야 할 위치를 알아 늘 그곳에 있으면 기운이 고요한 산처럼 쌓여서 장수한다고 하였다. 그래서 어진 자는 자기와 닮아있는 산을 좋아한다. 고요한 산이 수를 누리고 어진 사람은 산과 같고 산을 좋아한다.

원문:『논어』

子曰: 知者樂水, 仁者樂山; 知者動, 仁者靜; 知者樂, 仁者壽.

공자 이르길, 아는 자는 물을 좋아하고 어진 자는 산을 좋아한다.

아는 자는 움직이고 어진 자는 고요하다. 아는 자는 즐겁고 어진

자는 수를 누린다.

81. 一陰一陽(일음일양)

한번은 음적으로, 한번은 양적으로 움직인다

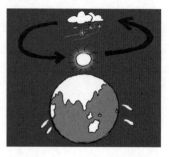

一 한 일, 陰 그늘 음, 一 한 일, 陽 볕 양

출전:『주역』

　　최근 신문기사에 전 지구적으로 일어나는 기후의 이상적 변화가 지구가 점점 더워지는 온난화 때문이라는 주장의 과학적 확실성이 줄어들었다는 내용이 나왔다. 더군다나 세계기상기구(IPCC)의 기후변화 보고서 초안에 실려 있는 내용이라고 한다. 오히려 지구의 온도가 점점 차가워지는 냉각화이론도 등장하고 있다.

　　실제로 아이슬란드에 살고 있는 과학자들은 지구온난화의 학설에 그다지 적극적이지 않다는 내용의 과학 다큐도 방영된 적이 있다. 그들은 기후의 이상적 변화의 이유로 그들의 조상 때부터 경험적으로 전해 내려온 '기후의 패턴' 을 믿고 있는 경향이 오히려 강하다.

　　현대인들은 대부분 과학적 의미에서 인간이 기후를 과학적으로 측정하면서 체계적으로 데이터를 축적하기 것은 현대에 들어와서라고 인식하고 있다. 현대기후과학에서 큰 차원에서의 주기에서는 빙하기와 간빙기 등을 이야기하지만 한 두 세대 정도의 주기에 관해서는 가설만 있을 뿐 정립된 설이 없다.

이와 관련하여 『황제내경』에는 60년 주기의 기후변화이론인 운기론 運氣論이 소개되어있다. 지구도 하나의 우주적 섭리에 의해 움직이는 생명체인지라 일정한 리듬을 탄다는 이론이다. 그 우주적 섭리를 주역에서는 일음일양一陰一陽이라 한다. 기후의 차원에서 보면 한번은 따뜻한 여름이 오면 한번은 차가운 겨울이 오듯이 큰 주기에서도 그렇다는 이론이다.

인간은 자연에 주는 것은 없고 받아 챙기기만 하는 행위 때문에 여러 형태의 보답을 받을 것이라는 생태적 직감은 틀리지 않을 것이다. 그렇지만 미래에 관한 학설이란 가설假說이다. 우주와 인간을 통섭하는 가설에 관심을 가질 필요가 있을 듯하다.

원문: 『주역』

一陰一陽之謂道

한 번은 음이 되고 한 번은 양이 됨을 도(道)라 이르니,

繼之者善也, 成之者性也.

이은 것이 선(善)이고, 이룬 것이 성(性)이다.

82. 日中見斗 (일중견두)

해가 중천(中天)에 있는데 두성(斗星)을 본다

日 날 일, 中 가운데 중, 見 볼 견, 斗 말 두

출전:『주역』

70년대만 해도 시골에서 볼 수 있었던 것이 등잔燈盞이자 호롱불이었다. 깜깜한 밤에 등잔 속 기름에 적신 심지에 불을 붙이면 주위가 환해지는데, 정작 그 등잔의 아래엔 그늘이 져서 어두운 현상을 일컫는 말이 '등하불명'이다. 한밤중에 손전등을 가지고 어두운 곳을 비추면 그곳은 잘 보이지만 손전등의 바로 아래는 어두운 이치이다.

주역에서는 이런 이치를 해가 중천에 걸려 천하를 비출 정도로 밝은 세상이 되었지만 정작 그 이면은 깜깜한 밤중에나 볼 수 있는 북두성이 보일 정도로 어둡다는 뜻의 일중견두日中見斗라 하였다. 풍대하다는 뜻의 괘 이름인 '풍豊'은 전력(雷)과 화력火을 사용하여 밤을 낮처럼 지낼 수 있을 정도로 밝음을 구가하는 현대문명의 풍대함이지만, 그 이면에 드리운 그늘은 어둡다는 것이다. 밤이 낮처럼 밝아진 대신 낮은 밤처럼 어두워진 것이다. 물질적 풍요와 과학기술의 편리 속에 짙게 드리운 현대문명의 심각한 병폐를 예견하여 지적한 말이다.

정치적 차원에서 보면 해가 중천에 걸려 사방을 비추는 현상을 임금이 나라의 한 가운데에서 사방을 다스리는 의미로도 본다. 나라의 한 가운데 있으면 사방을 잘 비추어 훤히 알 수 있을 것 같지만 정작 그 아래는 어두워 보기가 힘든 법이다. 이 또한 일중견두日中見斗이다.

이것이 나라를 다스리는 이가 늘 가까운 곳을 잘 살펴야하는 이유이다. 그러므로 성군이라 칭하는 순임금이 늘 묻기를 좋아하고好問 가까이에서 들리는 말을 살피기를 좋아했다好察邇言. 밝음을 자신하는 자의 폐해는 고원高遠함이 나이라 비근卑近함을 살피지 못함에 있다. 가까운 곳을 잘 생각해보라는 근사近思의 충고이다.

원문:『주역』
六二, 豐其蔀, 日中見斗, 往, 得疑疾, 有孚發若, 吉.
육이는 떼적[蔀]이 풍성하며 대낮에도 북두성을 보며, 가면 의심과 미움을 얻으리니, 믿음을 두어 감발(感發)하면 길(吉)하리라.

象曰, 有孚發若, 信以發志也.
「상전」에서 말하였다: 믿음을 두어 감발(感發)함은 믿음으로 뜻을 감발시키는 것이다.

九四, 豐其蔀, 日中見斗, 遇其夷主, 吉.
구사는 떼적이 풍성하여 대낮에도 북두성을 보니, 대등한 상대
[夷主]를 만나면 길하다.

象曰, 豐其蔀, 位不當也, 日中見斗, 幽不明也, 遇其夷主, 吉行也.
「상전」에서 말하였다: 떼적이 풍성함은 자리가 마땅하지 않기 때
문이고, 대낮에 북두성을 봄은 어두워 밝지 못하기 때문이며, 대
등한 상대[夷主]를 만남은 길하게 행함이다.

一陰一陽之謂道

한 번은 음이 되고 한 번은 양이 됨을 도(道)라 이르니,

繼之者善也, 成之者性也.

이은 것이 선(善)이고, 이룬 것이 성(性)이다.

83. 煮豆燃萁 (자두연기)

콩을 삶는데 콩깍지를 태운다

煮 삶을 자, 豆 콩 두, 燃 탈 연, 萁 콩깍지 기

출전:『세설신어』

삼국시대의 인물이었던 조조曹操는 스스로가 문학을 즐겨 많은 학자들을 초빙하여 이후 이른바 건안문학建安文學이라 부를 정도의 문학의 융성기를 가져올 정도였다. 조조는 자신의 아들 가운데 조식曹植의 재주를 무척 사랑해서 조식의 형인 조비曹丕가 있었지만 조식을 태자에 앉히고 싶어 했다. 우여곡절 끝에 형인 조비가 자리에 올랐다.

조비는 스스로 위魏의 황제가 되었고 조식은 형인 조비의 미움을 한몸에 받게 되면서 고달픈 신세가 되었다. 그러던 어느 날 조비는 아우를 불러 말하였다.

"아버지가 살아계실 때 너를 시의 귀재로 칭찬하셨는데 지금 내 앞에서 일곱 발자국[七步]을 걷는 동안 시를 지어 보거라, 그렇지 못하면 명령을 어긴 중죄로 처리할 것이다."

조식은 담담한 표정으로 발을 떼며 자신의 처지를 시로 읊었다.

콩을 삶는 데 콩깍지를 태우니(煮豆燃豆其)
콩은 솥 안에서 울고 있구나(豆在釜中泣)
본래 이들은 한 뿌리에서 났거늘(本是同根生)
서로 태우기를 어찌 이리 급히 할까(相煎何太急).

한 뿌리에서 나온 콩과 콩깍지인데 콩깍지로 콩을 삶는 것으로 한 아버지에게서 나온 형제간인데 자신을 죽이려는 형을 빗대어 읊은 시이다. 이 시를 들은 형은 느낀 바 있어 조식을 풀어주고 멀리 떠나 살라고 하였다. 그 후 조식曹植은 유랑하며 40대 초반에 죽고 만다. 이 시를 일곱 걸음을 걷는 사이에 지었다 하여 칠보시七步詩라고 하며 그 후 천재적 시재를 칠보지재七步之才라고도 한다. 영감이 실린 시는 종종 비정非情한 현실도 승화시킨다.

84. 作事謀始(작사모시)
일을 만들 때 처음을 잘 도모하라

作 지을 작, 事 일 사, 謀 꾀할 모, 始 비롯할 시

출전: 『주역』

항간에 모사꾼이라는 말이 있는데 누군가를 위해 일을 꾀를 내어 일을 꾸미기를 잘하는 이를 낮추어 부르는 말이다. 그런데 알고 보면 일을 할 때 제일 먼저 반드시 필요한 것이 모사謀事다.

이 말은 주역 천수송天水訟괘에 공자가 한 말씀이다. 하늘은 늘 위에 있고 물은 늘 아래에 흐른다. 하늘의 뜻과 움직임은 늘 위를 향하고 물의 뜻과 움직임은 늘 아래를 행한다. 일상의 뜻과 움직임이 다르면 언젠가는 어긋나게 되어있다. 공자는 이를 두고 하늘과 물이天與水 어긋나게 움직인다違行고 하였다.

논어에도 '도부동道不同이면 불상위모不相爲謀라'고 하여 가는 길이 다르면 서로 도모하기 힘들다고 하였는데, 대체적으로 같은 의미이다. 여기에서 도道란 '목표'나 '비전'이라고 할 수 있다. 목적이 분명하지 않고 또 서로 다르면 언젠가는 반대편에서 쟁송을 벌인다는 것이 천수송괘의 계시(啓示)이다.

가만히 지나온 세월을 생각해보면 그저 사람이 좋아, 술이 좋아 계획 없이 흘려온 세월이다. 일체 모사가 없었던 절반의 실패이다. 필부의 인생도 이럴진대 국가의 운영이나 회사의 경영은 더 말할 것이 있겠는가!

일례로 거상 임상옥은 '재상여평수財上如平水'라 하여 자신이 생각하는 재화의 도道를 물에 비유하였다. 주역 감괘坎卦에 해당하는 물은 아래로 아래로 흘러서 평을 이루는 것祇旣平이 목적이듯이 재물을 깔고 앉아 쓰는 것을 형평의 평이든 공평의 평이든 '평平'의 도道로 하겠다는 철학이다. 그래서 지금까지 그 이름이 인구에 회자된다. 평생의 계획은 아니라 하더라도 일 년의 계획은 봄에 있다고 했듯이 한해를 지낼 정도의 모사謀事는 있어야 하지 않겠는가!

원문:『주역』

象曰, 天與水違行, 訟. 君子以, 作事謀始.

「상전」에서 말하였다: 하늘과 물이 어긋나게 행함이 송(訟)이다. 군자가 그것을 본받아 일을 할 때에 시작을 잘 계획한다.

85. 朝三暮四(조삼모사)

아침에 세 개 저녁에 네 개

朝 아침 조, 三 석 삼, 暮 저물 모, 四 넉 사

출전: 『장자』

고립된 세계에서의 에너지는 다른 형태로 변화하거나 전달되기는 하지만 그 총합은 일정하다는 개념으로 물리학 법칙 가운데 에너지보존칙이 있다. 위치에너지나 화학에너지, 운동에너지 등의 상호간 변환이 대표적인 예로 거론된다.

장자莊子 제물론齊物論편에 이와 같은 법칙을 응용한 이야기가 나온다. 宋송나라에 저공狙公이라는 사람이 있었다. 닉네임에서도 알 수 있듯이 원숭이狙를 기르는 사람이었다. 비교적 영리한 동물인 원숭이를 기르다 보니 정이 많이 들면서 자기가 먹을 것도 아껴서 원숭이에게 퍼줄 정도로 좋아하게 되었다.

많은 원숭이들은 계속 먹어대고 먹이인 도토리가 자꾸 줄어들어 결국 먹이를 줄이기로 마음을 먹었다. 그리고는 "앞으로 너희들에게 나누어 주는 먹이를 아침에 세 개, 저녁에 네 개씩 주려고 하는데 어떻겠느냐?"고 물었다. 그러자 원숭이들이 화를 냈다. 그러자 저공은 "그렇다면 아침에 네 개를 주고 저녁에 세 개씩 주겠다"고 하자 원숭이들은 모두 좋아했다. 아침에 세 개를 주고 저녁에 네 개를 주는 조삼모사朝三暮四든 아침에 네 개를 주고 저녁에 세 개를 주는 조사모삼朝四暮朝이든 총합은 변함이 없는 제로섬 게임이다.

중용에 사람이 궁박해지면 소인은 요행을 바래서 분을 뛰어넘고 군자는 곤궁함 속에서도 평이한 마음으로 천명을 기다린다고 하였다. 공자도 논어에 보면 내가 마차를 모는 일을 해서라도 돈을 벌 것 같으면 그렇게 했을 것이라고 하였다. 비록 오늘 술수를 부려 당겨쓴다 하더라도 결국은 내일 갚아야만 하는 것이 운명의 제로섬인가 싶다.

86. 早臥早起(조와조기)

일찍 자고 일찍 일어난다.

早 일찍 조, 臥 누울 와, 早 일찍 조, 起 일어날 기

출전:『황제내경』

사람이 낮에 활동하고 밤에 잠자리에 드는 것은 태양의 출입과 깊은 관계가 있다. 육체뿐 아니라 정신도 낮에는 활발하다가 밤에는 고요해진다. 태양의 출입은 시간으로 표시되고 시간에 따라 만물의 변화양상이 연동된다.

동양의학의 바이블인 황제내경에서는 낮이 길어지는 봄·여름을 소양少陽과 태양太陽으로 밤이 길어지는 가을·겨울을 소음少陰과 태음太陰으로 구분하였다. 봄의 기운을 거스르면 생발의 기능이 떨어져 간肝의 기운이 안에서 막혀 병에 걸리고, 여름의 기운을 거스르면 성장의 기능이 떨어져 심장의 기운이 약해진다. 가을의 기운을 거스르면 수렴하는 기능이 떨어져 폐에 열이 나고, 겨울의 기운을 거스르면 저장하는 기능이 떨어져 신장의 기가 약해진다.

이렇게 봄여름엔 발산하는 양기를 기르고, 가을·겨울엔 수렴하는 음기를 기르며, 사계절의 흐름에 순응하는 것이 양생의 기본인데 잠들고 일어나는 시기를 계절에 따라 조절하면 좋다고 하였다. 봄철에는 만물이 나서 싹을 틔우는 시기이니 일찍 잠들고 일찍 일어나며, 여름에는 만물이 꽃을 피우고 내실을 기하는 시기이니 늦게 잠들고 일찍 일어나며, 겨울에는 물이 얼고 땅이 갈라져 천지가 문을 닫는 시기이니 일찍 잠들고 늦게 일어나는 것이 좋다고 하였다.

지금처럼 가을철에 접어들면 하늘의 기는 급해지고 땅의 기운은 청명해지니 일찍 잠들고 일찍 일어나서 심기를 평안히 하고 의지를 갈무리하여 가을의 기운과 호응하여야 폐의 기운이 맑아진다고 하였다.

현대인의 생활은 자고 일어나는 시기를 조절할 수 있다면 얼마나 좋을까 싶을 정도로 구속되어 있기 때문에 이런 권고가 그림에 떡이라 생각할 수도 있겠다. 그러나 요점은 대자연의 일부인 인간이 대자연의 기운과 부응해보려는 한 생각이다.

87. 終日乾乾(종일건건)
날이 마치도록 굳세고 굳세게 한다

終 마칠 종, 日 날 일, 乾 굳셀 건, 乾 굳셀 건

출전:『주역』

역易은 자연을 써먹는 글이다. 공자는 하늘을 보고 인간이 써먹을 게 많지만 그 중에서도 하늘의 '쉼 없음[不息]'을 써먹으라고 하였다. 일초도 쉼 없이 운행하는 천체를 보고 있노라면 마치 태어나서 죽을 때까지 한 시도 멈춤이 없는 심장의 맥동을 느낀다. 그 맥동이 바로 하늘을 운행하며 시간을 만들어내는 해와 달이다. 일월이 서로 오고가며 날을 만들고 달을 만들고 한 해를 만들고 그 가운데 우리 인생도 흘러간다.

한 해가 처음 시작되는 설은 원단元旦이라 하여 아침에 떠오르는 해를 맞이하며 희망찬 새해의 복을 기원한다. 하루로 치면 저녁에 해당하는 가을에 찾아오는 한가위는 추석秋夕이라 하여 저녁에 밝게 떠오른 둥근 달을 보며 한 해의 결실을 하늘과 조상께 감사한다. 그래서 설날엔 바다에서 떠오르는 해를 상징하여 아침에 떡국을 떠먹고 추석엔 둥근 달을 상징하여 저녁에 송편을 빚어 먹는다.

　한 해의 설과 추석은 하루로 치면 해가 떠오르는 아침과 달이 떠오르는 저녁에 해당한다. 주역에서는 쉼 없이 운행하는 천체에 해당하는 건괘乾卦[䷀]에 사람이 아침부터 저녁까지 부지런히 활동하고終日乾乾 저녁에 반성하는 삶을 살면夕惕若 힘든 인생살이지만厲 큰 허물없는 인생을 살 수 있다无咎고 하였다. 이런 방법으로 쉼 없이 움직이는 하늘의 덕을 닮아가라고 하였다.

　아침에 먹은 좋은 마음이 저녁까지 가고 저녁에 먹은 좋은 마음이 다음날 아침까지 이어지면 그게 바로 종일건건이다. 올 해 설날 해뜰 때 먹었던 마음이 오늘 추석 달에 남아있을까? 또 오늘 추석 달에 새긴 미래가 내년 설의 떡국에도 담겨있을까? 이래저래 항심恒心의 시험장이다.

원문:『주역』
九三, 君子, 終日乾乾, 夕惕若, 厲, 无咎.
구삼은 군자가 종일토록 힘쓰고 힘써 저녁까지도 두려워하면 위태로우나 허물이 없을 것이다.

88. 佐時阿阿 (좌시아형)

시국을 돕는 (이가) 아형이다

佐 도울 좌, 時 때 시, 阿 언덕 아, 衡 저울대 형

출전: 『천자문』

　　요즈음도 선거시즌마다 등장하는 이른바 책사策士그룹은 그 역사가 오래되었다. 『서경』에서는 왕을 돕는 사부를 아형阿衡이라 하였다. 천자문에 "반계이윤磻溪伊尹이 좌시아형佐時阿衡"이란 구절이 있다. 반계磻溪에서 낚시질 하다가 무왕을 도와 은나라의 주紂를 치고 주나라를 건국한 강태공姜太公과 탕 임금을 도와 재상노릇을 하며 모범이 된 이윤伊尹을 아형阿衡이라고 한다. 언덕[阿]은 바람을 막아주고 기댈 수 있는 의지처이고, 저울대[衡]는 기울어지지 않고 고루 잘 재어 베푸는 균형점이다.

　　임금과 백성이 안심하고 의지하며 기울어지지 않은 정치를 가능케 하는 이 모든 것은 당대의 때의 변화를 잘 알아야 가능한 일이므로, 때를 보좌한다는 '좌시佐時'라 하였다. 국민들을 안심하고 기울어지지 않게 만드는 정치를 할 지도자를 선택해 돕는 존재들이 바로 좌시아형이다. 이런 관점에서 보면 예나 지금이나 리더를 보좌하는 부류는 중요한 존재들이긴 하지만, 바다가 줄어들면 호수가 되고 호수가 줄어들면 연못이 되고 연못이 줄어들면 구덩이가 될 수도 있겠다는 느낌이다.

맹자 첫머리에 보면 양혜왕이 찾아온 맹자에게 묻는다.
"이렇듯 먼 거리를 찾아오셨으니 우리나라에 어떤 이익을
주실 수 있으시겠지요?"
맹자가 답하였다.
"왕께서는 어찌 이익만을 말씀하십니까, 인의가 있을 뿐입니다."

이 짧은 대화의 순간이 결국은 이익[利]을 중심으로 결합하느냐, 시대적 정의[義]을 중심으로 결합하느냐의 갈림길이다. 이익은 이익이 다하면 그 결합이 분해되지만 시대적 정의는 역사적으로 명분의 영속성이 있게 마련이다. 이 시대 책사를 자처하는 이들이 생각해보면 좋을 듯하다.

89. 知之爲知(지지위지)

아는 것을 안다 하는 것

知 알지, 之 갈지, 爲 할위, 知 알지

출전:『논어』

　학문學問은 학문學文이 아니다. 글을 배운다는 의미의 학문과 달리 배워서 모으고學以聚之 물어서 분별하는問以辨之 것이 학문이다. 배워서 모으는 것은 회합의 과정이라면 물어서 분별하는 것은 소통의 과정이다. 단순히 산더미 같은 정보나 지식을 많이 모아놓기만 하면 서로 충돌이 일어나서 오히려 짐이 된다. 반드시 음양으로 분별하여 교통정리를 하는 과정이 필요하니 이를 역에서는 회통會通이라 한다.

　공자가 "배우기만 하고 생각하지 않으면 아무 것도 얻어지는 게 없고 學而不思則罔 생각만 하고 배우지 않으면 위태롭다思而不學則殆"고 한 것과 비슷한 맥락이다. 자문이든 타문이든 많이 모아놓았으면博學 깊숙이 질문해보는 과정審問이 필요한데, 이때 거쳐야 하는 첫 관문이 자기를 속이지 않는다無自欺는 성의誠意이다.

그래서 공자는 제자인 자로에게 다음과 같이 깨우쳐준다.
그대에게 안다는 게 무언지 가르쳐주고자 한다(由誨女知之乎).
아는 것을 안다 하고(知之爲知)
알지 못하는 것을 알지 못한다 함이(不知爲不知)
바로 아는 것이다(是知)!

학문의 문問에서 가장 첫 번째 물어야할 물음은 바로 자신이 배운 것에 대한 진지한 성찰이다. 이 과정이 진지하지 못하면 그 다음 과정은 사상누각沙上樓閣이다.

실제 심리실험에서 가장 학습능력이 뛰어난 그룹들을 관찰해본 결과 이들의 공통점으로 꼽은 것이 바로 이 점이었다는 실험결과가 있었다. 말을 아름답게 둘러대고巧言 얼굴빛을 곱게 꾸밀令色 시간이 있으면 그 대신 스스로에게 물어보는 것이 지름길이다. 진지眞知에 다가가는 지름길이다.

象曰, 天與水違行, 訟. 君子以, 作事謀始.

「상전」에서 말하였다: 하늘과 물이 어긋나게 행함이 송(訟)이다.
군자가 그것을 본받아 일을 할 때에 시작을 잘 계획한다.

90. 寸陰是競(촌음시경)

짧은 세월을 아껴라

寸 마디 촌, 陰 그늘 음, 是 이 시, 競 다툴 경

출전:『천자문』

　누구든 자기가 낳아 놓은 자식에 대한 교육의 걱정과 염려가 없는 부모는 없다. 조선후기 실학의 태두인 성호 이익(星湖 李瀷, 1681~1763년)을 기념한 성호박물관에 가면 '천금물전千金勿傳'이란 글이 유물로 전시되고 있다. 천금을 전하지 말라는 뜻인데, 명심보감에 "황금이 상자에 가득함黃金滿篋이 자식에게 경서 한권 가르침만 못하고不如敎子一經, 자손에게 천금을 물려줌賜子千金이 한 가지 재주를 가르치는 것만 같지 못하다不如敎子一藝"라는 말과 상통한다. 현실적으로 풀어도 배고플 때 물고기를 몇 마리 건네주는 것보다 물고기를 잡는 법을 가르쳐주라는 뜻으로 볼 수 있다.

　사람은 배우지 않으면人不學 살아가는 길을 알지 못하고不知道 옥도

잘 다듬어주지 않으면玉不啄 그릇을 이루지 못한다不成器. 길을 알고
그릇을 이루려면 노력과 더불어 시간이 필요한데 애석하게도 한량없
는 세월이 기다려주지 않는다. 그래서 인생의 반절을 낭비했다고 후회
하는 40대 중반을 지나며 읽는 주자의 권학시勸學詩는 읊을 때마다 눈
가가 시려온다.

少年而老學難成
一寸光陰不可輕
未覺池塘春草夢
階前梧葉已秋聲

소년은 늙기 쉽고 배움은 이루기 어려우니,
한 마디 짧은 세월을 아껴라,
연못가 봄풀은 아직 꿈도 깨지 못했는데,
섬뜰 앞 오동나무 잎새는 어느새 가을소리를 알리네.

이 시에서 뿐만 아니라 어릴 때부터 배웠다던 천자문에 "보배는 한
자가 되는 금옥이 아니고尺璧非寶, 아껴야할 것은 오직 한정된 짧은 세
월이다寸陰是競"라고 하였다. 자손에게 천금千金보다는 촌음寸陰을
전할 방법을 생각해보라는 성호星湖의 충고이기도 하다.

91. 七月流火 (칠월유화)

칠월이면 대화성(大火星)이 서쪽으로 흘러간다

七 일곱 칠, 月 달 월, 流 흐를 유, 火 불 화

출전: 『시경』

어느 덧 말복이 지나고 가을 문턱에 접어들었다. 잠을 자느라고 보지는 못했지만 페르세우스 유성우가 지나갔다고 한다. 새벽에 지나갔다던 페르세우스 유성우는 터틀 해성이 지나간 궤도를 지나는데 일정한 주기를 지닌다. 페르세우스는 서양의 신화에서는 메두사의 머리를 벤 영웅의 모습이지만 동양 천문의 별자리에서는 서방 백호의 별자리인 위묘수胃昴宿에 걸쳐 있는 별자리이다.

자연스럽게 주기를 지니고 지나가는 천문현상이지만 고대에서는 이것을 계기로 군주의 정치행위나 일상에 경계와 긴장을 조성하기도 하였다. 페르세우스 별자리의 대능大陵과 적시積屍는 각각 능묘陵墓와 주검을, 천선天船은 노아의 방주에 해당하는 의미를 지닌다. 그래서 이 별자리에 해성의 류 등이 범하면 관상감의 일기는 즐겁지 않았다.

말복을 지내며 3,000년 전 시 구절에서 지금처럼 가을 문턱에 접어드는 천체와 시속의 풍경을 떠올려 본다. 가을이 시작되는 칠월이 되면 대화궁의 별인 방심房心의 별이 저녁 하늘에 보이는데 밤이 깊을수록 서쪽으로 지는 모습을 보며 "음력 칠월이 되면 대화성이 서쪽으로 흐르고七月流火 구월이 되면 옷을 만들어 준다九月授衣."고 표현하였다.

자연의 변화에 따라 생활할 수밖에 없는 인간의 모습이다. 칠월에 천문을 보고 가을이 시작됨을 알아차렸으니 가을을 마치는 구월에는 다가올 추운 계절을 준비하느라 옷을 준비한다는 노래이다. 지금도 약간의 위치 변화는 있지만 대화성은 저녁 무렵 서쪽으로 흘러간다. 겨울옷을 준비해야겠다.

원문: 『시경』

七月流火 九月授衣 一之日觱發 二之日栗烈 無衣無褐 何以卒歲.
칠월에 대화심성이 서쪽으로 기울면 구월에 가서 옷을 입히느니라. 십일월 동지 달에 찬 바람이 불고 십이월 섣달에는 기운이 차니라. 옷과 털옷이 없으면 어떻게 겨울을 나리요.

92. 七日來復 (칠일래복)

칠일 만에 회복한다

七 일곱칠, 日 날 일, 來 올 래, 復 돌아올 복

출전:『주역』

2013년의 시작은 음력을 기준으로 하면 1월(정월) 1일이니 우리 민족 고유의 명절인 설이다. 음력의 날수는 달마다 29일도 있고 30일도 있어 각각 소월과 대월로 구분된다. 이것은 달의 운행에 따른 공전주기인 29.5일을 정수화한 결과 나타나는 현상이다. 2013년의 설은 양력으로 2월 10일에 든다.

절기節氣를 기준으로 하면 한 해의 봄을 세운다는 의미의 입춘立春이 새해의 시작이다. 이것은 태양의 공전주기인 365일 남짓 되는 날을 12등분한 결과 나타나는 현상이다. 달의 운행으로 본 1년 날수인 354일과 태양의 운행으로 본 1년 날수인 366일 사이에 대략 12일의 차이가 나서 그 차이를 일정기간마다 보충해주는 윤달이 이런 이유로 생겼다.

이런 이유로 설날이 입춘立春보다 앞서기도 하고 뒤서기도 한다. 설을 기준으로 보면 2013년 입춘은 양력 2월 4일인데 설날은 2월 10일에 든다. 2014년 설은 양력으로 올 1월 31일에 든다. 그렇게 되니 2013년 설에서 2014년 설까지 입춘절이 없어서 이른바 봄은 봄이되 봄이 없는 '무춘절無春節'의 형국이다.

그럼 어떻게 해야 할까? 없는 봄을 만들어내는 해법을 찾아보면 2013년 입춘은 양력 2월 4일辛丑인데 설날은 2월 10일丁未에 든다. 입춘이 설날보다 먼저 있어 그 사이가 7일의 날수이니 갑甲을 중심으로 신임계갑을병정辛壬癸甲乙丙丁의 칠일래복七日來復이다. 입춘의 일진이 신辛일이고 설날의 일진이 정丁일이니 주역 18번째 산풍고山風蠱괘[☴]에서 말하는 선갑삼일先甲三日 후갑삼일後甲三日에 해당하는 도수라는 뜻이다. 선천의 잘못된 일을 고쳐 좋은 후천을 맞이하기 위한 과정적 노력을 경주하라는 의미가 계사년 천기天機에 들어있다.

93. 稱物平施(칭물평시)

물건을 저울질하여 고르게 펼친다

稱 저울질 할 칭, 物 물건 물, 平 평할 평, 施 베풀 시

출전: 『주역』

노자가 상선약수上善若水라 하였듯이 옛날부터 성현들은 물을 칭송하였다. 밤낮 가리지 않고 흐르는 물을 보고 있노라면 천도의 유행을 실감한다는 공자의 찬탄도 있다. 천자문의 흐르는 물은 쉬지 않고 흐른다는 천류불식川流不息도 바로 그런 의미이다.

물에서 치세의 방법을 깨우친 대표적인 역사가 있으니 바로 우 임금의 치세治世라 할 수 있다. 대홍수가 휩쓸어 산 위에까지 물이 찰 정도로 되어 사람들이 살 수 없는 지경에 이르자 물에 대한 새로운 자각을 하게 되었다.

우 임금이 치수(治水)사업을 맡게 되면서 새삼스럽게 다시 생각해보게 된 것이 물이 지닌 제1의 원리인 윤하潤下였다. 물은 아래로 아래로 흐른다는 것이다. 이렇게 물이 아래로 흐르는 최종의 목적은 무엇일까에 대해서 보여준 자연의 대답은 바로 '평平'이다.

물은 자연이 공유하고자 하는 대 원리가 균형임을 아래로 흐름을 통해 인간에게 이야기해주고 있으며, 동양정치의 원리인 '탕평蕩平'도 바로 물에서 나온 것이다. 사물의 균형을 잘 잡아가는 것이 저울의 역할이듯이 리더는 물건을 저울질하여 고르게 펼치라고 하였다.

원문:『주역』

象曰, 地中有山, 謙, 君子以, 裒多益寡, 稱物平施.

「대상전」에서 말하였다: 땅 속에 산이 있음이 겸(謙)이니, 군자가 그것을 본받아 많은 것을 덜어내 적은 데에 더해 주어, 물건을 저울질하여 베풂을 고르게 한다.

94. 大明終始(대명종시)

마침과 비롯함을 크게 밝히다.

大 큰 대, 明 밝을 명, 終 마칠 종, 始 비롯할 시

출전:『주역』

　우리가 시간을 이야기하거나 시간표를 짤 때 시작과 끝이라는 틀 속에서 일상을 지내는 것이 일반적이다. 하지만 주역에서는 시종始終이란 말이 없고, 종시終始라고 하였다. 하루가 시작하고 마치는 것으로 이야기 한 것이 아이라 하루를 마치고 또 다른 하루를 시작하는 구조로 말한 것이다.

　천체의 운행에 따라 시간의 개념이 파생되므로 하늘에 해당하는 건乾괘에서 공자가 이 우주의 종시를 밝혀보면 상하사방의 육합六合이 있고, 1년은 6등분의 구간으로 시간의 흐름을 나눌 수 있다는 것이다.

　주역의 맨 처음에 나오는 건괘는 우리 태극기의 삼획으로 그려진 건괘를 중첩하여 6획으로 구성되어있다. 선천의 시간에 해당하는 하루가 지나면 그것이 끝이 아니니 후천의 시간에 해당하는 또다시 찾아오는 하루를 생각하고 예비하는 개념이 바로 종시이다. 그리고 종시를 만족하려면 순환 반복하는 원이라야만 가능하다. 직선을 그어놓고는 종시를 말할 수 없다. 이것은 춘하추동의 사계절이 겨울이 끝이 아니라 다시 봄을 배태하고 있다가 봄이 찾아오면 다시 생명의 싹을 내는 것과 같다.

이것은 마치 우리가 양과 음을 양음이라고 하지 않고 음양陰陽이라고 하는 것과 일맥상통하기도 한다. 양음이라고 하면 양은 양대로 음은 음대로 따로 놀게 되어서 상호 교통을 하지 않아 생물을 낳아 기를 수 없을 뿐 아니라. 양에서 시작하여 음에서 마친다는 직선적 역사관을 반영한다. 그래서 음양이라고 한다.

대학에 '일신우일신日新又日新'이라는 말이 있듯이 하나의 업을 마치면 또 다른 업이 펼쳐져있는 것이 우리 현실이다. 종終으로 마치는 것이 아니라 또 다른 시始이고 끝의 말末이 아니라 다시 뿌리를 내리는 본本이다. 종말終末은 새로운 시본始本으로 이어진다.

원문:『주역』

象曰, 大哉乾元, 萬物資始, 乃統天.

「단전」에서 말하였다: 위대하다, 건원(乾元)이여! 만물이 의뢰하여 시작하니, 이에 하늘을 통솔하도다.

雲行雨施, 品物流形.

구름이 떠다니고 비가 내려 만물이 형체를 이룬다.

大明終始, 六位時成, 時乘六龍, 以御天.

끝과 시작을 크게 밝히면 여섯 자리가 때에 맞게 이루어져서, 때에 맞게 여섯 마리의 용을 타고 하늘을 다스린다.

乾道變化, 各正性命, 保合大和, 乃利貞.

건도가 변하고 화함에 각각 성명을 바르게 하니, 큰 조화를 보전하고 합하여, 이에 이롭고 곧다.

首出庶物, 萬國咸寧.

만물 중에서 으뜸으로 나오니 만국이 모두 편안하다.

95. 他山之石 (타산지석)
다른 산의 돌

他 다를 타, 山 뫼 산, 之 갈 지, 石 돌 석

출전: 『시경』

다이어트 바람이 거세게 불고 있다. 다이어트는 덧셈이 아닌 뺄셈의 원리이다. 좋은 것을 보충하는 것이 덧셈의 원리인 익益이라면, 좋지 않은 것을 덜어내는 것이 뺄셈의 원리인 손損이다.

공자는 세 사람이 길을 가면三人行 반드시 나의 스승이 있다고必有我師焉 하셨다. 나를 제외한 두 사람에서 착한 자는 택해서 따라하고擇其善者而從之 불선한 자를 보고는 나의 행실을 고치는其不善者而改之 계기로 삼기 때문이라는 것이다. 선한 자를 스승으로 삼아 따라가는 것도 좋지만 불선한 자를 보고 자신을 반성하고 고치는 계기로 삼는 것이 필요한 시대이다.

상대적 원리로 이루어진 세계를 통찰한 노자는 있음도 없음이 있어서 생기고有無相生, 어려움도 쉬움이 있어서 이루어지고難易相成, 길다는 것도 짧다는 것이 있어서 형상이 이루어지고長短相形, 높음도 낮음이 있어서 가파름을 말할 수 있다고 하여高下相傾 덧셈 일방적 사유를 잠시 멈추고 뺄셈과 함께 볼 것을 권유한다.

『시경』에 보면 동물의 세계에도 못가에 살며 하늘을 날아다니며 우는 학도 있지만鶴鳴于九皐聲聞于天 못에서 헤엄치며 뛰노는 물고기도 있다魚在于渚或潛在淵. 식물의 세계에도 동산 높이 아름답게 서있는 박달나무도 있지만樂彼之園爰有樹檀 그 아래 못생긴 닥나무도 있다其下維穀. 광물의 세계에도 사람들이 모두 그냥 보고 지나치는 돌石이 저 산에 깔려있지만他山之石 그 돌로 인해 모두들 탐내는 옥玉을 다듬어 만들 수 있다可以攻玉. 좋은 보배인 옥을 어떻게 얻을까를 구하기 이전에 거친 돌을 어떻게 고쳐 사용할까를 생각해보자. 생각의 다이어트다.

원문:『시경』
鶴鳴于九皐 聲聞于野 魚潛在淵 或在于渚 樂彼之園 爰有樹檀 其下維蘀 他山之石 可以爲錯.

학이 구고에서 울거든 소리가 들판에 들리도다. 고기가 못에 잠겨있으나 혹 물가에 있기도 하도다. 즐거운 저 동산에 이에 박달

나무를 심으니 그 아래에 떨어진 것도 있느니라. 타산의 돌이 가
히 써 숫돌을 만드느니라.

大明終始, 六位時成, 時乘六龍, 以御天.
끝과 시작을 크게 밝히면 여섯 자리가 때에 맞게 이루어져서,
때에 맞게 여섯 마리의 용을 타고 하늘을 다스린다.

96. 打草驚蛇(타초경사)

수풀을 쳐서 뱀을 놀래키다

打 칠 타, 草 풀 초, 驚 놀랄 경, 蛇 뱀 사

출전: 『삼십육계』

중국 남북조 시대 송나라의 장군이었던 단도제檀道濟가 지었다는 병법서로 추측되는 『삼십육계』는 책의 제목이기도 하지만 책안에 들어있는 계책이 36가지라서 36계이기도 하다. 1계에서부터 차례로 유리한 상황에서 불리한 상황으로 6계씩 6단계로 구분하여 총 36계이다. 차례로 승전勝戰, 적전敵戰, 공전攻戰, 혼전混戰, 병전并戰, 패전敗戰의 상황에 쓸 수 있는 계책인데 맨 마지막 36계인 '주위상走爲上'은 '도망가는 것이 상책이다' 라는 말로 우리에게 잘 알려져 있다. 극도로 불리한 상황에서 사용할 수 있는 좋은 계책이라는 뜻이다.

이 가운데 '타초경사' 는 공전의 계책에 해당한다. 그런데 36계는 고전이나 역사적 일화 등에서 그 제목을 취했지만 그 깊은 원리는 주역에서 취했다. 주역의 음양원리와 괘효의 의미를 역사현실에 적용해서 지은 책이다. 타초경사에 대한 원문에 '의심을 가지고 실정을 두르려보고 疑以叩實 관찰한 후에 움직인다察而後勤. (양의) 회복은 (陰을 통해 이루어진다復者陰之媒也.'고 하였다.

주역의 지뢰복괘地雷復卦[䷗]는 음이 극성한 동지冬至에 처음으로 양의 기운이 생하여 아래에서부터 위로 올라가려는 때이다. 동지에 미미한 양의 기운이 점차 지상으로 올라와 봄이 되고 대기권에 꽉 차서 여름이 되면 따뜻한 양의 기운이 체감된다. 그렇게 양의 미미한 기운이 동적으로 움직이려면 반드시 앞에 펼쳐진 음의 정적인 기운을 헤치며 가야 한다. 이 형상이 바로 수풀을 두드려보면서 잠복해 있는 뱀의 존재여부를 관찰한 후 길을 가는 것과 같으니 이렇게 가면 무사형통으로 갈 수 있게 된다.

병법에서는 주로 적의 외곽을 쳐서 그 속의 실정을 탐색하는 계책으로 쓰인다. 역에서는 초목草木류는 목木으로 보는데 초草은 음목陰木으로 손괘巽卦에 해당한다. 풀을 두드리면 뱀은 놀랄 수밖에 없다. 2013년 뱀의 해에 접어들었기에 두렵고 모두가 놀라는 경사驚蛇의 해가 되지 말고 경사慶事의 해로 기억되기를 바라는 마음에서 이 계책을 언급해보는 것이다.

원문:『삼십육계』

疑以叩實, 察而後動, 復者陰之媒也.

의심함으로써 실정을 두드려보고 살핀 후에 움직여야하니 양의
회복은 음을 통해 이루어진다.

97. 悖出悖入(패출패입)

어그러져 나간 것은 어그러져 들어온다

어그러질 패 날 출 어그러질 패 들 입

출전:『대학』

우리는 일상에서 출입出入이란 단어를 자주 쓰고 있다. 해가 아침에 나오고 밤에 들어가며, 달이 밤에 나와 아침에 들어가는 것은 일월日月의 출입이다. 일월의 출입은 일상의 자연스런 기준이기도 하였다. 해가 나오면 집밖으로 나가고 해가 들어가면 집안으로 들어오던 생활습관은 아주 오래되었다. 그러므로 간혹 밤에 나가고 아침에 들어오는 일을 하는 사람들이 더욱 피로감을 느끼기도 한다. 자연의 섭리에 길들여졌던 인간의 몸이 그 반대의 흐름을 타려할 때 수반하는 느낌이다. 밤을 낮처럼 밝히고 사는 후천세상이라지만 가능하면 자연의 율려律呂와 같이 움직이는 것이 좋다는 것이 정설이다.

일월의 출입에 따른 자연스런 출입이 좋듯이 우리가 남에게 말하고 듣는 말도 순리대로 하는 것이 좋다고 하였다. 이때 순리란 너나 나나 입장 바꾸어보면 마찬가지 마음이라는 서恕이다. 그래서 「대학」에서는 내가 상대에게 하는 말이 이치를 거스르면言悖而出者 그대로 나에게 다시 되돌아 들어온다亦悖而入고 하였다.

순리대로 움직이는 흐름을 순順이라 한다면 그 반대로 움직이는 흐름이 거스른다는 뜻의 패悖라고 할 수 있다. 패悖란 따라야할 것을 따르지 않고 순리를 어기는 행위를 말한다. 도리를 거스르면 패도悖道이고 윤리를 거스르면 패륜悖倫이다.

말 뿐 아니라 모두가 소중히 여기고 아끼는 재화財貨의 경우도 마찬가지이다. 재화를 원하는 것은 보편적인 욕구일텐데 그 재화가 떳떳한 도리를 거스린 결과라면貨悖而入者 그 재화는 그대로 다시 나간다고 하였다亦悖而出. 나라를 다스리는 자는 재화를 잘 다스리고 말을 바로 해야 한다는 「계사전」의 이재정사理財正辭는 이런 맥락과 상통한다.

원문: 『대학』

是故, 言悖而出者, 亦悖而入, 貨悖而入者, 亦悖而出.

이러한 까닭에 말이 거슬려서 나가는 자는 역시 거슬려서 들어오고, 재물이 거슬려서 들어온 자는 또한 거슬려서 나간다.

98. 庖丁解牛 (포정해우)

포정이 소를 해체하다

庖 푸주간 포, 丁 장정 정, 解 풀 해, 牛 소 우

출전: 『장자』

　포정은 소를 잡는 사람이었는데 그 실력이 신기에 가까워서 문혜군 文惠君 앞에서 시연을 하였다. 포정의 어깨와 무릎의 움직임과 그에 따른 손발의 놀림과 뼈와 살이 분해되는 소리가 마치 요순시대의 무악舞 樂처럼 율려를 탄다.

　그 광경을 본 문혜군이 감탄하며 물었다.
　"도대체 당신은 어떻게 이른 신기(神技)에 이를 수 있게 되었소?"
　포정이 대답한다.
　"기술[技]이라 하시지만 저는 사실 도(道)를 좋아합니다.
　저는 세 가지 단계를 경험했습니다. 처음에는 소만 보이고 다른 것은 보이지 않았습니다. 3년쯤 지나서야 여유가 생기며 예전 같은 경지를 벗어날 수 있었습니다. 지금은 아예 소가 보이지 않습니다."

여기에서 포정의 소가 보이지 않는다는 말은 감각기관으로 소를 대하는 것目視이 아니라 정신적 차원에서 소를 다룬다神遇는 의미이다. 이것은 이목 등의 감각기관에 이끌려 사물을 판단할 때의 한계를 뛰어넘어 마음으로 칼을 운용하여 소를 해체하는 경지라는 뜻이다.

그 결과 평범한 솜씨로는 자꾸 뼈에 부딪혀 한 달마다 칼을 바꾸어야 하고 좀 뛰어난 솜씨로는 자꾸 살에 부딪혀 1년마다 칼을 바꾸어야 하는데 19년의 경력동안 수천 마리의 소를 잡았지만 칼은 숫돌에 방금 간 것처럼 생생하다고 하였다.

포정이 구사하는 신기의 비결은 회통會通에 있다. 살과 뼈가 모여 있는 곳을 어떻게 통해나갈 수 있는가의 문제이다. 마음의 눈이 떠지면 칼의 두께는 없어지고无厚 살과 뼈의 사이에 빈 공간은 생긴다有間. 음양으로 서로 다른 사람들이 모여 사는 이 현대세계를 어떻게 소통해야 하는가의 문제를 포정에게 묻는다.

원문: 『장자』

庖丁爲文惠君解牛, 手之所觸, 肩之所倚, 足之所履, 膝之
所踦, 砉然嚮然, 奏刀騞然, 莫不中音. 合於桑林之舞, 乃中經
首之會.

포정이 문혜군을 위해서 소를 잡는데, 손이 닿고, 어깨를 기대고,
발로 밟고, 무릎을 세우며, 칼질하는 소리가 싹싹 쓱쓱 나는데, 모
두 음률이 맞지 않음이 없어서 상림의 음악과 경수(經首)의 음악
에 들어맞았다.

文惠君曰: 譆, 善哉. 技蓋至此乎.

문혜군이 말했다: 아! 훌륭하구나. 기술이 이런 경지에 이르렀구나!

庖丁釋刀對曰 : 臣之所好者道也, 進乎技矣. 始臣之解牛之時,
所見無非牛者, 三年之後, 未嘗見全牛也, 方今之時, 臣以神遇而
不以目視. 官知止而神欲行, 依乎天理, 批大郤導大窾, 因其固
然. 技經肯綮之未嘗, 而況大軱乎.

포정이 칼을 내려놓고 대답했다. 제가 좋아하는 것은 도(道)인데,
기술보다 더 나아간 것입니다. 처음 제가 소를 해부하던 때에는
눈에 보이는 것이 전부 소뿐이었지만, 3년이 지난 뒤에는 소는 보
이지 않게 되었고. 지금은 신으로 소를 대할 뿐 눈으로 보지는 않
습니다. 감각과 지각은 멈추고, 신이 하고자 하는대로 움직여 천

리에 의거해 큰 틈을 치며, 큰 틈에서 칼을 움직이지만 본래 그러한 바를 따를 뿐이라 경락(經絡)과 긍경(肯?)에 조금도 부딪힌 적이 없는데 하물며 큰 뼈이겠습니까?

良庖歲更刀, 割也, 族庖月更刀, 折也. 今臣之刀十九年矣, 所解數千牛矣, 而刀刃若新發於硎. 彼節者有間, 而刀刃者無厚, 以無厚入有間, 恢恢乎其於遊刃必有餘地矣.是以十九年而刀刃若新發於硎.

솜씨 좋은 백정은 일년에 한 번 칼을 바꾸는데 살을 자르기 때문이고, 보통의 백정은 한 달에 한 번씩 칼을 바꾸는데 뼈를 자르기 때문입니다. 지금 제가 쓰고 있는 칼은 19년이 되었고, 그동안 잡은 소가 수천 마리인데도 칼날이 숫돌에서 막 간 듯합니다. 저 마디에는 틈이 있고 칼날에는 두께가 없기 때문에 두께가 없는 것을 가지고 틈이 있는 사이로 들어가기 때문에 넓고 넓어서 칼날을 놀리는 데 반드시 여지가 있게 됩니다. 이 때문에 19년이 되었는데도 칼날이 숫돌에서 막 간 듯합니다.

雖然, 每至於族, 吾見其難爲, 怵然爲戒, 視爲止, 行爲遲, 動刀甚微, 謋然已解, 如土委地, 提刀而立, 爲之四顧, 爲之躊躇滿志, 善刀而藏之.

비록 그러하나 매양 뼈와 근육이 엉켜 모여 있는 곳에 이를 때마다, 저는 그것을 하기 어려움을 알고 두려워하고 경계하여, 시선을 그치고, 움직임을 천천히 하는데, 칼을 매우 미세하게 움직여서, 털썩 하고 해체됨이 마치 흙이 땅에 떨어진 듯하면, 칼을 잡고 서서 사방을 둘러보며 주저하며 흡족해져 칼을 닦아 감춥니다.

99. 臨死呼天 (임사호천)
죽음에 임하면 하나님을 부른다

臨 임할 임, 死 죽을 사, 呼 부를 호, 天 하늘 천

출전: 『춘산채지가』

서경 書經을 구천독九千讀 해서 서구書九라고도 하는 조선말 전라감사였던 이서구李書九 선생은 미래에 대한 선견지명이 있었다고 전해진다. 선생이 천상의 소식을 가사로 받아 적었다는 『춘산채지가春山菜芝歌』는 선천이 후천으로 바뀌면서 벌어지는 일을 중심으로 기록한 일종의 비기秘記이다. 그 가사에 다음과 같은 내용이 들어있다.

"천하절후 삼변(三變)하니 그 이치를 뉘 알쏘냐.

비운(否運)이 태운(泰運) 되니 무극운(無極運)이 열렸구나.

쇠병사장(衰病死藏) 없어지니

불로불사(不老不死) 선경(仙境)일세.

여름도수 지나가고 추분도수 닥쳤으니
천지절후 개정(改正)할 때 오장육부 환장(換腸)이라.
수토(水土)복통 앓을 적에 임사호천(臨死呼天) 급하더라."

 옛날부터 지금까지 민중은 좋은 세상이 찾아오길 염원하면서 후천後天타령을 하였고 지금도 하고 있다. 위 노래 가사를 보면 비색한 세상이 가고 늙지도 않고 죽지도 않는 태평한 신선의 세상이 후천낙원인 반면, 그런 세상이 오는 과정이 녹녹치 않음을 보여준다. 그 과정 가운데 하나가 신종 질병으로 인한 고통이다.

 그런 고통을 맞닥뜨릴 때 사람이 할 수 있는 것이라곤 자신을 이 세상에 내놓은 조물주를 찾는 일이다. 꽃은 피고 지는 일정한 때가 있지만 사람이 나고 죽는 데에는 일정한 때가 없다. 꽃은 질 때가 되면 말없이 지지만 업이 두텁고 한恨이 많은 우리네 인생人生은 죽음에 직면하면 하나님을 찾으며 울부짖는다. 그러기 전에 일상의 삶 속에서 하늘을 불러볼 일이다.

100. 寒來暑往 (한래서왕)

추위가 가면 더위가 온다

寒찰한, 來올래, 暑더울서, 往갈왕

출전:『천자문』

　　동무東武 이제마(李濟馬:1837~1899)는 1894년에 『동의수세보원
東醫壽世保元』을 정리하면서 사상의학四象醫學을 주창하였다. 동무는
인간을 외형과 성정(性情)과 장부를 사상이라는 하나의 원리에 근거해
서 태양인, 태음인, 소양인, 소음인의 네 유형으로 나누었다. 인간의 외
형에 관하여 얼굴을 예로 들면 위에서부터 아래로 차례대로 이목비구
耳目鼻口를 갖추고 있다. 내면적 성정은 주로 맹자의 인의예지仁義禮
智와 중용의 희노애락喜怒哀樂에 착안하였다. 장부臟腑에 관해서는
마찬가지로 폐비간신肺脾肝腎의 사장四臟을 중심으로 이론구축을 하
였다.

　　이 가운데 사상인을 정의하는데 기준이 된 것은 장부이다. 폐가 크고

간이 작은 유형이 태양인이고肺大肝小曰太陽人, 반대로 간이 크고 폐가 작은 유형이 태음인이다肝大肺小曰太陰人. 비가 크고 신이 작은 유형이 소양인이고脾大腎小曰少陽人, 신이 크고 비가 작은 유형이 소음인이다腎大脾小曰少陰人. 이렇게 기준을 장부로 삼은 것은 장부가 인간의 외형과 성정의 중간 영역에 위치하고 있으며 의학적 관련성이 긴밀하기 때문이다.

동무의 사상의학 이론의 핵심키워드는 바로 주역의 대대對待이론이다. 대대對待란 만물이 선천적으로 지니고 있는 생성 변화의 핵심원리로 쉽게 말해 모두가 음양적 상대자가 있다는 이론이다. 그리고 대대는 대자연의 변화원리이기도 하다. 그리고 이런 원리를 천자문에 추위가 가면 더위가 온다는 한래서왕寒來暑往으로 밝혀놓았다.

24절기를 보면 음력 12월 축丑월에 들어있는 소한小寒 · 대한大寒은 음력 6월 미未월에 들어있는 소서小暑 · 대서大暑와 정확히 상대적 위치에 있다. '추위가 왔다'는 말만으로도 '더위가 갔다'는 상대자의 상황은 읽을 수 있다. '상부가 크다'는 말만으로도 '하부가 작다'는 상대자의 상황을 읽을 수 있다. '폐가 크다'는 말만으로도 '간이 작다'는 상대자의 상황을 읽을 수 있는 한래서왕寒來暑往이 동무 사상의론의 핵심 틀이다.

101. 恒産恒心 (항산항심)

항상된 생업이 있어야 항상된 마음이 있다

恒 항상 항, 産 낳을 산, 恒, 항상 항, 心 마음 심

출전: 『맹자』

　전국시기 맹자孟子는 정치의 이상으로 여겼던 왕도정치가 당시에 구현되기 위해서는 두 가지의 일이 가장 중요하다고 여겼다. 그것은 사람으로서의 본심을 회복해 잃지 않는 것과 생명을 유지하기 위해 먹고 살 수 있는 생업을 갖추어야 한다는 것이다. 하나는 정신적 차원의 일이고 하나는 물질적 차원의 일인데, 이 둘은 한 수레의 양쪽 바퀴와 같아서 한쪽이 기울어지면 다른 한쪽도 무사할 수 없는 짝이다.

　당시 다른 왕들에 비해 맹자의 지도를 적극적으로 따르고자 했던 대표적인 왕이 바로 등滕 나라 문공文公인데, 문공은 태자 시절 아버지의 상을 치를 때 신하들을 비롯한 주위의 반대의견을 무릅쓰고 맹자에게 상례喪禮를 물어 실행했을 정도로 맹자를 존경하였다. 왕위에 올라 맹

자에게 나라를 다스리는 요체를 묻자, 맹자는 일반 백성들이 살아갈 수
있는 도에 대해 정전법井田法의 서설로 다음과 같이 설파한다.

"백성들의 삶이란 항상된 생업이 있어야有恒産 항상된 마음이 있게
되니有恒心, 항상된 생업이 없으면無恒産 항상된 마음도 없게 됩니다
無恒心. 진실로 항상된 마음이 없으면 허물을 짓고 분수를 넘어 못할
짓이 없게 되어 결국 죄에 빠지게 되고 그런 후에 벌을 주게 되면 이는
백성을 그물에 빠뜨리는 것이니, 어찌 어진 이가 위에서 있으면서 백성
을 그물에 빠뜨리는 일을 할 수 있겠습니까?"

기본적 생계를 영위할 수 있는 일정한 생업이 없는 상태에서 인간의
본심을 지켜 발현함은 지사志士와 같은 이들을 제외하곤 일반 백성으
로서는 매우 힘들다는 이야기이다.

항恒자는 마음을 의미하는 심방변忄과 뻗칠 긍亘이 결합되었다. 위의
하늘一과 아래의 땅一 사이에 변치 않고 뜨고 지는 해日처럼 항구성 있
는 마음忄을 희망하는 글자이다. 한국을 이끌어가고자 뜻을 둔 이들이
한국사회 일자리의 문제를 장기적 관점에서 진지하게 고민해야하는
까닭이다.

원문: 『맹자』

王曰, 吾惛不能進於是矣, 願夫子輔吾志, 明以敎我. 我雖不敏, 嘗
試之. 曰, 無恆産而有恆心者, 惟士爲能, 若民則無恆産, 因無恆

心, 苟無恒心, 放辟邪侈, 無不爲已, 及陷於罪然後, 從而刑之, 是, 罔民也, 焉有仁人在位, 罔民而可爲也.

왕이 말씀하시길 "내가 혼미해서 능히 이에 나아가지 못하니 원컨대 선생님은 내 뜻을 도와서 밝음으로써 나를 가르치소서! 내가 비록 민첩하지는 못하나, 청컨대 맛보아 시험하리이다."

가로대 "떳떳한 생업이 없어도 떳떳한 마음을 두는 자는 선비가 능하거니와 백성은 떳떳한 생업이 없으면 인하여 떳떳한 마음도 없으니, 진실로 떳떳한 마음이 없으면 방탕하고 사치를 하지 않음이 없으니, 죄에 빠진 연후에 따라서 형벌하면 이는 백성을 속이는 것이니 어찌 어진 사람이 왕위에 있으면서 백성을 그물질하는 것을 가히 하리요."

102. 嚮用五福 (향용오복)
다섯 가지 복을 권유하여 누린다

嚮 향할 향, 用 쓸 용, 五 다섯 오, 福 복 복

출전:『서경』

 흔히 치아상태가 좋은 것이 오복五福 가운데 하나라고들 한다. 그럼 나머지 네 가지는 무엇인가? 오복의 출전은 서경書經이다. 서경 홍범편에 오복을 수壽, 부富, 강녕康寧, 유호덕攸好德, 고종명考終命이다. 이 가운데 치아가 양호한 것은 들어있지 않다. 위 다섯 가지는 오행학설에 의하면 차례로 수水, 화火, 목木, 금金, 토土에 해당한다.

 수壽는 인간으로서 보편적으로 거쳐야 하는 생애주기를 보장받는 것으로 첫 번째 복이다. 일찍 요절하거나 횡사하게 되면 예비 되어 있는 많은 일을 할 수 없게 되기 때문이다. 공자는 어진 자는 수壽를 누린다고 하였다.

 두 번째 부富는 부유함으로 아무리 수명이 길어도 가난한 삶은 자신이 원하는 많은 부분을 포기해야 한다. 특히 지금의 자본주의 시대에서는 더욱 그렇다. 재벌이 되라는 것이 아니라 중요하고 필요한 일을 처리하는데 사용되는 재화 정도는 지니고 있어야 복이라는 의미이다.

세 번째는 강녕康寧인데 한마디로 마음이 편안한 것이다. 아무리 장수하고 돈이 많아도 집안에 자꾸 사고가 생기게 되면 그 또한 고달픈 인생이다. 네 번째는 유호덕攸好德으로 덕을 갖추어야 복이라는 의미이다. 자신이 정립 되었으면 남도 생각해서 덕을 베풀 줄 알아야 한다는 의미이다.

마지막으로 고종명考終命이다. 임기를 마치고 물러나는 사람이 후임자에게 일을 물려주고 퇴임사를 하듯이 총정리를 하고 갈 길 가는 것을 복이라고 하였다. 흔히 한국 사람들을 '복을 기원한다는 의미'로 기복祈福적이라고 자기 비하를 하는 경향이 있는데 복은 복지福祉라 하듯 좋은 것이다. 누구든 복을 소원하며 살고 있다. 서경에서는 이 오복을 선량한 백성들이 향유할 수 있게 하라고 하였다.

원문:『서경』

初一曰五行, 次二曰敬用五事, 次三曰農用八政, 次四曰協用五紀, 次五曰建用皇極, 次六曰乂用三德, 次七曰明用稽疑, 次八曰念用庶徵, 次九曰嚮用五福, 威用六極.

처음 하나는 다섯 가지 행함이요 다음 두 번째는 공경하되 오사를 씀이요 다음 세 번째는 농사 하는데 팔정을 씀이요 다음 네 번째는 합하되 오기를 씀이요 다음 다섯 번째는 세우되 황극을 씀이요 다음 여섯 번째는 다스리되 삼덕을 씀이요 다음 일곱 번째는 밝게 하되 계의를 씀이요.다음 여덟 번째는 생각하되 서징을 씀이요 다음 아홉 번째는 향하되 오복을 씀이요 위엄하되 육극을 씀이니라.

九五福, 一曰壽, 二曰富, 三曰康寧, 四曰攸好德, 五曰考終命.
아홉 번째 오복은 첫 번째는 오래 사는 것이요 두 번째는 부요 세 번째는 몸 건강하고 마음 편안한 것이요 네 번째는 덕을 좋아하는 바이요 다섯 번째는 종명을 상고하는 것이니라.

103. 禍福相轉(화복상전)

재앙과 복은 서로 뒤바뀐다.

禍 재앙 화, 福 복 복, 相 서로 상, 轉 구를 전

출전:『회남자』

옛날 중국 변방에 사는 노인이 있었는데 점술에 능했다. 하루는 집에서 기르던 말이 도망가서 오랑캐 땅으로 들어갔다. 마을 사람들이 모두 위로하니 '이 일이 또 복이 되지 않겠소?' 하였다. 몇 달이 지나자 도망갔던 말이 건장한 준마를 데리고 돌아왔다. 마을 사람들이 모두 축하해 주자 '이것이 어찌 화가 되지 않으리오!' 하였다.

그 아들이 말 타기를 즐기다 그 말에서 떨어져 다리가 부러졌다. 마을 사람들이 모두 위로하자, '이것이 어찌 복이 되지 않으리오!' 하였다. 1년 후 오랑캐가 변방에 쳐들어와 장정들이 전쟁에 끌려갔는데 그 변방의 마을에서 살아 돌아오지 못한 이가 열에 아홉이었지만, 이 노인의 아들만 절름발이가 된 탓에 아비와 자식이 목숨을 온전히 보존할 수 있었다.

이른바 변방 늙은이의 말이라는 '새옹지마塞翁之馬'의 이야기이다. 여기에서 새옹塞翁은 『주역』에서 대질大耋에 해당하는 음양변화에 통달한 이를 상징화한 것으로 볼 수 있다.

이렇듯 평범한 눈으로 보기엔 당장엔 복인 것처럼 보이지만 이 때문에 화가 되기도 하고, 거꾸로 당장은 불행한 화를 당하는 것으로 보이지만 향후 그 때문에 복이 될 수도 있으니 인생에서 화복의 무상하고도 지극한 변화는 헤아리기 힘들다는 것이다.